KB275281

긍휼마음학교

긍휼마음학교

지현호

고통에서 감사로, 상처에서 회복으로

규장

하나님의 긍휼을 찾아가는 이정표

환우들을 돕는 치유 사역을 하다가 환우분의 고통과 병세가 가장 심할 때면 저절로 "긍휼히 여겨주옵소서" 하고 기도합니다. 지현호 선교사님의 《긍휼마음학교》를 읽으며 가슴 한쪽이 저려옵니다.

선교사님이 청년 시절에 알코올 중독으로 방황할 때 품어주고 함께해준 목회자의 긍휼이 오늘날 선교사님의 사역으로 이어졌습니다. 마치 '과거의 나'를 '현재의 나'가 안아주는 AI 동영상을 보는 듯합니다.

하나님의 긍휼하심은 이렇듯 '나'에게서 또 다른 '긍휼의 대상인 나'로 흘러갑니다. 이 책은 그 놀라운 은혜의 흐름을 생생한 영상처럼 보여줍니다. 하나님의 긍휼하심의 강이 이 책을 통해 더욱 넓고 깊게 흘러가기를 기도합니다.

김경수(조은정) 목사 | 자연치유 지리산 힐링마을 섬김이

많은 아픔을 경험한 사람은 나 아닌 다른 사람의 아픔을 알아 그 사람의 삶에 깊이 공감할 수 있습니다. 그런 의미에서 지현호 선교사님은 실제적인

고난의 현장을 지나온 분입니다. 그래서인지 그 삶을 살아오면서 계속 던져왔던 질문들에 대한 답을 조심스럽게 들려주는 마음이 느껴집니다. 특별히 그 어려운 상황 속에서 하나님의 긍휼을 체험하였기에, 그 마음을 찾는 여정을 이렇게 나누어주신 것이 참 감사합니다.

이 책을 읽으면서 저 또한 제게 주어진 어려운 상황을 그냥 힘들게만 느끼는 것이 아니라 그 속에서 아버지 하나님의 마음을 찾아보고 싶어졌습니다. 그리고 그 마음을 따라, 저도 누군가에게 하나님의 긍휼을 흘려보내는 통로가 되고 싶다는 도전을 받습니다.

김기복 목사 | 벨링햄 화평교회

앞서 출간된 《광야훈련학교》의 프리퀄에 해당하는 작품, 《긍휼마음학교》 출간은 무척 반가운 소식이었습니다. 2019년 프로그램에서 지현호 선교사님과 함께 〈생사를 함께하노라〉 코너를 진행하며 나누었던 소중한 이야기들이 이 책의 중요한 토대가 되었다는 것이 감사했기 때문입니다.

방송 선교 사역 30년 동안 수많은 사람을 인터뷰하며 알게 된 것이 있습니다. '하나님은 고통 가운데 있는 나에게 관심을 가지고 계실까?'라는 질문을 품은 사람들이 많다는 것입니다. 그런데 그 의문에 관한 해답을 〈생사를 함께하노라〉 코너의 첫 방송에서 명쾌하게 들을 수 있었습니다.

"하나님은 우리를 불쌍히 여기시고 우리와 함께하십니다(사 49:15 참조). 삶의 영성이 있는 사람은 일상에서 하나님과 이웃과 나 자신과 피조 세계와의 관계를 사랑과 진리 안에서 잘 맺는 사람입니다"라고 힘차게 말씀해주신 선교사님의 목소리를 저는 결코 잊을 수 없습니다. 그것은 마르고 황폐한 삶을 통과하며 하나님의 긍휼을 경험한 자만이 쏟아낼 수 있는 묵직한 고백이기 때문입니다.

이 책을 읽는 내내 잠잠히 하나님만을 주목하는 선교사님의 삶을 따라 우리도 하나님과 깊이 교제하며 이 땅에서의 사명을 즐겁고 성실히 감당하는 자가 되고 싶은 소망이 생길 줄 믿습니다. 아울러 이 책을 통해 인생을 향한 하나님의 깊은 긍휼의 마음을 경험하고, 고통 속에서 신음하는 우리에게 말씀하시는 그분의 음성을 들으며 반응하는 존귀한 자로 세워지기를 간절히 기도합니다.

김성윤 | 극동방송 방송국장

지현호 선교사님을 만나 은혜와 도전을 받았던 순간이 생생합니다. 선교사님을 청년부 집회에 초대했을 때 은혜가 넘쳤고 그 감동이 너무 커서 청년부 예배에 다시 한번 초청했습니다. 그때도 여전히 하나님께서 주시는 은혜가 있었습니다. 벌써 20여 년 전의 일입니다.

선교사님은 그동안 크고 작은 아픔과 상처 속에서 몸과 마음이 무너진 채 13년 동안 병마와 싸워야 했고 심지어 죽음 직전까지 가기도 하셨습니다. 뼈만 남은 듯한 선교사님의 모습을 지켜보는 일은 결코 쉽지 않았습니다.

하나님께서는 선교사님을 살려주셨고 그토록 쓰고 싶어 하던 이 책이 드디어 세상에 나올 수 있었습니다. 선교사님이 《광야훈련학교》보다 먼저 쓰고 싶어 했던 《긍휼마음학교》가 드디어 출간된 것입니다.

이 책은 '긍휼'이라는 단어의 깊이를 다시 배우게 하는 여정입니다. 고통과 상처 속에서도 하나님의 긍휼을 새롭게 발견한 저자는 그 경험을 진솔하게 나누며 우리 모두를 은혜의 자리로 초대합니다. 페이지를 한 장씩 넘길 때마다 독자는 단지 위로를 받는 것이 아니라, 삶의 방향을 새롭게 정하게 될 것입니다.

이 책은 단순한 묵상이 아닌 '동행의 안내서'입니다. 상처를 치유로, 눈물을 위로로 바꾸며 연약함 속에서도 하나님께서 이루시는 놀라운 변화를 보여줍니다. 고통을 경험한 사람에게는 소망을, 지친 이에게는 위로를, 아직 광야의 의미를 알지 못한 이에게는 하나님의 마음을 전해줍니다. 이 책을 통해 독자 여러분이 긍휼의 사람으로 변화되어 세상 속에서 하나님의 마음을 전하는 통로가 되시기를 간절히 바라며 기쁜 마음으로 이 책을 추천합니다.

김영한 목사 | 품는교회 담임, Next 세대 Ministry 대표

언제나 열정적으로 말씀을 선포하시는 지현호 선교사님의 모습이 지금도 눈에 선합니다. 선교사님은 자신의 인생 여정에서 겪었던 수많은 갈등, 분노, 아픔, 상처를 하나님의 긍휼 안에서 오히려 전화위복으로 회복하고 치유하여 삶 속에 녹여내며 뛰어난 영성으로 성장하신 귀한 분입니다.

살아계시고 긍휼하신 하나님을 진정으로 만나게 된다면 마음이 치유될 뿐 아니라 다른 누군가의 상처와 아픔과 고통을 치유하고 회복할 도구로 쓰임 받을 줄 믿습니다. 모쪼록 이 책을 통해 많은 그리스도인과 비그리스

도인 모두 하나님의 긍휼이 어떠한지 깊이 깨닫고 한 번뿐인 귀한 인생을
아름답게 살아가기를 소망합니다.

김재호 목사 | 새벽별교회 담임, 수레바퀴북한선교회 대표

지현호 선교사님과의 인연은 약 13년 전, 경북 김천에서 시작되었습니다.
그곳에서 목회하며 선교사 안식관을 운영하던 시절, 지친 몸과 마음으로
안식관에 머무셨던 선교사님은 1년 동안 오직 말씀과 기도, 예배의 삶을 통
해 건강과 가족 관계를 회복하는 모습을 보여주셨습니다. 이러한 은혜로운
시간이 있었기에, 이번에 출간된 《긍휼마음학교》는 제게도 더욱 특별하게
다가옵니다.

고통이나 환난을 환영하고 좋아할 사람은 아무도 없을 것입니다. 그러
나 인생을 살아가다 보면 고난은 선택이 아니라 필수적으로 다가옵니다.
어떤 사람은 고난이 닥치면 원망하고 불평합니다. 남을 탓하고 자포자기
하며 인생을 불행의 나락으로 끌고 가기도 합니다. 고난이 주는 유익을 모
르기 때문입니다. 인생이 맞이하는 고난은 겉으로는 고통으로만 보이지만,
하나님은 그 고난과 고통을 통해 인생을 쓸모 있게 빚어가십니다.

선교사님은 아버지의 갑작스러운 죽음, 신장이식 수술로 힘들어하시는
어머니, 사랑하는 동생을 비극적인 사고로 잃는 연속된 고통을 겪고 하나님
에 대한 원망과 불평, 동생을 죽게 만든 사람들에 대한 복수심으로 깊은 어
둠 속에 갇히기도 했습니다.

그러나 그 어둠 속까지 다가와 함께 울어주고 이야기를 들어주는 긍휼의

사람들을 통해 회복을 경험하고, 이제는 회복을 넘어 긍휼의 마음을 나누며 세워가는 자리에 서게 되었습니다.

《긍휼마음학교》는 긍휼의 마음이 어떻게 삶을 변화시키는지를 깊이 있게 보여줍니다. 선교사님의 경험과 통찰이 담긴 이 책은 독자들에게 큰 감동과 도전을 줄 것입니다. 긍휼의 마음은 단순한 감정이 아니라, 우리 삶을 변화시키는 강력한 힘임을 깨닫게 합니다.

책을 읽는 동안 독자들은 긍휼의 마음이 어떻게 관계를 회복시키고, 삶의 방향을 새롭게 할 수 있는지 배우게 될 것입니다. 선교사님의 헌신과 사랑이 담긴 이 책은 독자들에게 긍휼의 마음을 심어주고, 그들의 삶에 긍정적인 변화를 가져다줄 것이라 확신합니다.

《긍휼마음학교》를 통해 많은 분이 긍휼의 마음을 경험하고 그로 인해 삶의 새로운 변화를 맞이하길 바랍니다. 또한 선교사님의 깊은 통찰과 따뜻한 마음이 담긴 이 책이 큰 은혜의 통로가 되기를 기도합니다.

문춘식 목사 | 세계인교회 담임, 세계인선교회 대표

사랑하고 존경하는 지현호 목사님의 책 《긍휼마음학교》는 단순히 손과 머리로 쓴 책이 아닙니다. 이 책은 인생의 광야 속에서 아프게 순종하며 걸어온 믿음과 삶으로 써 내려간 기록입니다.

저는 수년간 목사님과 가까이에서 동역하며 책 속에 담긴 이야기 뒤에 숨겨진 수백 배의 실제 이야기를 들으며 함께 울고 기도했던 사람으로서, 이 한 권 안에 담긴 하나님의 은혜와 사랑이 얼마나 크고 깊은지 잘 압니다.

주님은 열매로 우리를 아신다고 하셨습니다. 이 책의 한 단어, 한 문장마다 새겨진 믿음의 무게가 이 글을 읽는 모든 이에게 생명의 열매를 맛보는 감격이 되기를 진심으로 소망합니다.

박래성 목사 | 밴쿠버 올리브교회

디모데후서 2장 말씀을 묵상하던 어느 아침, 저는 주님께 "주님을 깨끗한 마음으로 부르는 친구를 만나게 해주세요"라고 기도드렸습니다. 그리고 그날 오후, 트리니티 신학대학원 아트리움에서 지현호 선교사님을 처음 만났습니다. 그 만남을 시작으로 광야훈련학교의 급우가 되어 지난 20여 년을 동행하며 지켜본 선교사님의 삶은, 이 책에 담긴 그대로 주님의 흔적과 향기가 깊이 배어 있는 삶입니다.

현장에서 바라보며 감동했던 선교사님의 진실한 순종의 걸음들이 고스란히 담긴 《긍휼마음학교》를 펼치는 마음은 긴 시간 주님의 손길로 다듬어진 보석을 들여다보는 것만 같습니다. 책을 읽는 동안, 깊은 상처와 아픔까지도 기꺼이 펼쳐 보이며 주님의 긍휼을 증언하는 선교사님의 겸손한 섬김 앞에서 깊은 감사가 밀려왔고, 이 책이 안내하는 길을 따라 주님의 긍휼을 살아내고 싶은 새로운 갈망이 제 안에서 또렷하고 강렬하게 일어났습니다.

선교사님을 품고 인도하신 주님께서 이 책을 통해 많은 이의 눈물을 닦아주시고 다시 일어설 힘과 소망을 가득히 부어주실 것을 생각하면 마음이 벅차오르며 행복해집니다. 《긍휼마음학교》에서 주님의 긍휼에 깊이 잠기는 독자들을 통해 가정과 교회, 일터와 학교 곳곳에 긍휼의 물꼬가 트이고, 그 생명의 줄기들이 모여 열방과 민족들을 향해 힘차게 흘러가는 큰 긍휼의 강을 이루게 될 것입니다.

지금 이 순간, 주님의 긍휼의 바다 앞에서 머뭇거리고 계시는 모든 분에게 이 책을 진심으로 추천합니다.

박진환 목사 | 밴쿠버 은혜의교회 블레싱즈 청년부

《긍휼마음학교》의 부제인 '고통에서 감사로, 상처에서 회복으로'라는 문구가 이 책의 성격을 잘 보여줍니다. 고통의 연대기에서 시작된 선교사님의 이야기는 하나님이 이루어가시는 긍휼의 역사를 담고 있습니다.

지현호 선교사님은 가는 곳마다 긍휼, 곧 예수님을 전하게 되었다고 감격하며 고백합니다. 또한 긍휼은 감정이 아니라 습관과 선택이며 고통과 상처를 통해 하나님의 긍휼의 마음을 엿볼 수 있었다고 간증합니다.

이 책에 소개된 12개의 챕터는 '하나님의 긍휼'을 찾아가는 훌륭한 이정표가 되어줄 것입니다. 주님과의 긍휼 여행을 통해 하나님의 곁을 지키는 사람, 하나님의 소원을 이루는 사람으로 성장해가는 과정을 독자님들도 배우게 되리라고 확신합니다.

이 책은 독자들에게 상처와 고통의 광야에서 긍휼을 보여주시는 하나님의 마음을 깨닫게 하여, 각자가 하나님나라의 이야기를 써나가게 하는 마중물이 될 것입니다. 그분의 긍휼하심을 힘입어 우리의 삶도 다른 이를 긍휼히 여기는 삶으로 화답하게 되기를 축복합니다.

서상복 목사 | 해피가정사역연구소 소장

인류를 향한 하나님의 사랑과 위로는 성경 하나로 충분합니다. 그러나 오늘날의 우리는 눈과 귀를 빼앗는 콘텐츠의 홍수 속에서 살아가고 있습니다. AI, 반도체, 휴머노이드 로봇 등 첨단 기술이 화두를 점령하고 있는 이 시대에도 말씀대로 살고자 하는 이들과 그 길을 꿋꿋하게 살아내고 있는 이들의 삶을 통해, 우리의 삶을 향한 하나님의 긍휼과 위로를 알 수 있습니다. 고통과 상처의 삶에서도 끝내 감사와 회복의 삶을 살아낸 지현호 목사이기에, 그가 전하는 통찰과 위로의 이야기는 독자님들에게 진솔하고 묵직하게 다가올 것입니다.

신석현 PD | CBS 〈새롭게 하소서〉 연출

지현호 목사님과는 〈치유〉 잡지 인터뷰 때 처음 만났습니다. 그는 인터뷰 내내 열정 넘치는 모습으로 자신의 과거를 허물없이 말씀하셨고, 그 안에서 살아계신 하나님을 느낄 수 있어 크게 은혜를 받았던 기억이 있습니다.

지현호 목사님은 자신의 인생을 '고통의 연대기'라고 표현했습니다. 뇌종양으로 돌아가신 아버지, 신장을 떼어주신 어머니, 갑작스럽게 세상을 떠난 동생까지. 가족 네 명 중 세 명이나 고난을 겪었으니 그 마음이 얼마나 아팠겠습니까.

그는 하나님을 원망했지만, 결국 하나님을 만나 해답을 얻었습니다. "왜 나에게만 이런 일이?"라는 질문을 해보지 않은 사람은 없을 것입니다. 이 책은 바로 그 질문에 대한 명쾌한 해답을 제시합니다. 그 해답은 바로 '하나님의 긍휼'입니다. 하나님께서 긍휼의 마음을 주셨기에, 저주하던 사람을 긍휼의 마음으로 바라볼 수 있는 기적이 일어났습니다. 아직도 자신을 저주받은 사람이라 여기며 괴로워하는 분이 있다면 이 책을 꼭 읽어보시기를 바라며 강력히 추천합니다.

최윤희 목사 | 계간 〈치유〉 발행인

자기를 숨기는 시대에, 지현호 목사님은 오히려 자신의 삶을 드러내며 아픔과 고통을 여과 없이 나누고, 하나님으로부터 받은 긍휼을 도드라지게 보여주십니다. 그 진솔한 눈물의 기록이 담긴 책이 바로 《긍휼마음학교》입니다. 목사님의 글을 감명 깊게 읽으면서 작은 마음 나눔이 한 사람의 삶에 목을 축이는 생수와 같았음을 느끼게 되었고, 저 또한 하나님의 긍휼을 받은 그 자리에서 다른 이를 긍휼히 바라보려고 결심하게 되었습니다.

'긍휼'이라는 주제를 일관되게 붙들고 씨름하여 연구한 끝에 좋은 글과 훈련 교재까지 준비하여, 자신이 받은 하나님의 긍휼을 다른 이들에게 흘려보내려는 목사님의 그 헌신과 사랑에 깊이 공감하고 지지를 보냅니다.

개인은 물론 소그룹 교재로 사용하기에도 적합한 이 책이 주님의 긍휼을 더욱 깊이 새기고 흘려보낼 수 있는 귀한 도구가 될 것이라 확신하며 모두에게 추천합니다.

홍기일 목사 | 하늘빛교회 위임목사

구속사로 인생을 해석하는 〈학교〉 시리즈

이 책 《긍휼마음학교》는 세 권으로 이루어진 〈학교〉 시리즈의 첫 책입니다. 이 시리즈는 신앙 여정의 가장 중요한 세 가지 질문을 성경이 보여주는 '하나님의 구원-광야-예배-선교'라는 구속사의 흐름을 따라 답합니다.

왜(WHY) 《긍휼마음학교》: 왜 내가 다시 일어설 수 있는가?

어떻게(HOW) 《광야훈련학교》: 어떻게 변화가 실제가 되는가?

어디서(WHERE) 《가정영성학교》: 어디서 그 열매가 검증되는가?

'구속사'는 하나님께서 인류를 구원하시는 큰 이야기입니다. 구약에서 하나님은 이스라엘 백성을 애굽에서 구원하셨고(출애굽), 광야에서 훈련하셨으며(40년 광야), 성막에서 예배하게 하셨고(레위기), 마침내 열방을 향한 제사장 나라로 세우셨습니다(신명기, 여호수아서).

이 모든 것은 오실 메시아를 가리키는 그림자입니다. 출애굽은 예수님이 이루실 더 큰 구원(죄와 죽음으로부터의 해방)의 예표이고, 광야는 우리가 겪을 더 깊은 영적 훈련을 가리키며, 성막에서 드린 동물 제사는 예수님이 십자가에서 드릴 단번의 완전한 제사를 예언하고, 제사장 나라는 모든 민족을 품을 하나님나라를 미리 보여주었습니다.

신약에서 그 모든 약속이 예수 그리스도 안에서 성취되었습니다. 예수님은 죄와 죽음에서 우리를 구원하셨고(십자가와 부활), 부활 후 40일간 제자들과 함께하며 하나님나라를 가르치셨고(행 1:3), 성령을 보내어 그리스도의 몸 된 교회를 세워 진정한 예배 공동체로 삼으셨으며(오순절과 초대교회), 마침내 모든 족속으로 제자 삼아 하나님나라를 확장하는 선교 공동체로 보내셨습니다(마 28:19,20).

성령님은 오늘도 우리를 영적 광야에서 훈련하며 하나님나라의 사고방식을 배우게 하십니다. 우리는 이미 구원받았지만 아직 완성되지 않은 하나님나라 안에서 그리스도의 재림과 완전한 성취를 바라보며 살아갑니다.

구약의 이스라엘이 경험한 여정은 신약의 교회가 그리스도 안에서 완성해가는 여정의 모형으로, 이 여정은 오늘날 각 사람의 신앙 여정으로 이어집니다. 출애굽이 구원을, 광야가 훈련을, 성막이 예배를, 가나안이 사명을 예표하듯 우리는 지금 이 구속사의 흐름 속에서 살아가고 있습니다.

광야훈련학교와 긍휼마음학교

이 책 《긍휼마음학교》는 이 시리즈에서 두 번째로 발간되었지만, 실제로는 모든 이야기의 서막입니다. 《긍휼마음학교》가 '왜'를 밝히고, 기출간된 《광야훈련학교》가 '어떻게'를 가르칩니다.

'왜'(WHY)는 **방향과 동기**입니다. 왜 믿음이 필요한지, 왜 하나님이 나를 사랑하시는지, 왜 긍휼이 모든 훈련보다 먼저여야 하는지, 이 근본적인 이유와 목적이 분명해져야 발걸음이 흔들리지 않습니다.

'어떻게'(HOW)는 **구체적인 실천**입니다. 그 사랑을 받은 우리가 매일 무엇을 어떻게 살아갈지(회개와 용서의 연습, 말씀과 기도의 습관, 관계를 세우는 태도)를 차근차근 배우며 영적 근육을 기르는 과정입니다.

여행으로 치면 '왜'는 목적지와 방향을 정하는 것이고, '어떻게'는 실제로 길을 찾아 운전하는 것입니다. 건강이라면 '왜'는 건강하게 살아야 할 이유를 깨닫는 것이고, '어떻게'는 매일 걷기와 올바른 식습관을 실천하는 것입니다. 음악으로 비유하자면 '왜'는 그 곡을 연주하고 싶은 감동이고, '어떻게'는 매일 꾸준히 연습하는 훈련입니다.

신앙에서도 '긍휼'이 방향을 정하면 '광야 훈련'이 방법을 알려줍니다. '긍휼'이 심장을 뛰게 하면, '광야 훈련'이 영적 근육을 단단하게 만들어줍니다. 긍휼을 경험한 사람만이 광야에서도 흔들리지 않을 수 있습니다.

구속사의 순서로는 《긍휼마음학교》가 먼저인데 《광야훈련학교》를 먼저 출간한 것은 제가 협력교회에서 '광야' 시리즈 설교를 전할 때 여러 중보기도자가 "광야 편을 먼저 내면 좋겠습니다"라며 같은 마음을 전해주셨기 때문입니다. 공동체의 기도와 시대적 필요에 순종해 HOW(광야) → WHY(긍휼) → WHERE(가정) 순서로 출간하게 되었는데 이것이 하나님의 섭리였습니다.

많은 그리스도인이 이미 구원을 경험했지만, 변화의 '어떻게'를 몰라 광야에서 방황하고 있었습니다. 그들에게 먼저 필요한 것은 구체적인 훈련 방법이었습니다. 그리고 이제 《긍휼마음학교》를 통해 그 훈련을 지탱하는

WHY, 즉 모든 변화의 원동력이 되는 하나님의 긍휼을 더 깊이 경험하게 될 것입니다.

《광야훈련학교》를 이미 읽으셨다면, 지금 읽는 《긍휼마음학교》는 그 훈련을 지탱하는 WHY로서 훈련의 토대를 견고히 해줄 것입니다. 광야 훈련의 밑바탕에는 하나님의 긍휼이 있습니다. 그분이 우리를 광야로 이끄시는 이유와 그 훈련의 목적을 더 깊이 이해하게 될 것입니다.

《광야훈련학교》를 아직 읽지 않으셨다면, 《긍휼마음학교》는 광야로 들어갈 첫 동력이 될 것입니다. 하나님의 긍휼을 경험한 사람은 광야 훈련을 견딜 힘을 얻습니다. 그 훈련은 징벌이 아니라 사랑의 과정임을 알게 되기 때문입니다.

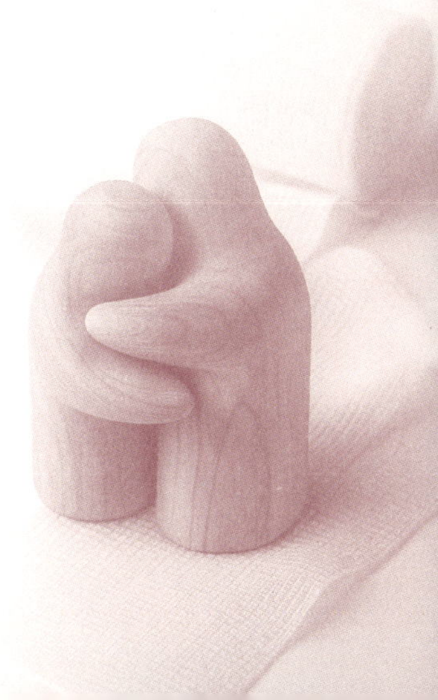

고통의 연대기가 긍휼의 역사로

저는 오랫동안 제 인생을 '고통의 연대기'로만 바라보며 살았습니다. 아버지의 갑작스러운 죽음으로 시작된 가족의 시련은 어머니의 신장이식 수술과 긴 회복 과정, 동생의 비극적인 떠남으로 이어졌습니다. 마음 깊이 차곡차곡 쌓인 원망과 슬픔은 오랜 시간 저를 깊은 어둠 속으로 끌어당겼습니다.

당신에게도 비슷한 경험이 있을지 모릅니다. 삶이 왜 이렇게 어려운지, 왜 좋은 일보다는 힘든 일들이 더 많이 찾아오는지 생각하다 보면 버거워 때로는 하나님이 정말 나를 사랑하시는지 의심했을지도 모릅니다.

그런데 하나님은 그 어둠의 끝자락에서 저를 전혀 예상하지 못한 길로 이끄셨습니다. 그것은 영적 훈련이나 노력보다 먼저 하나님의 마음, 즉 긍휼을 배우는 길이었습니다.

제 삶의 첫 번째 전환점은 〈고통의 신학〉 수업이었습니다. 주교재였던 헨리 나우웬의 《긍휼》(Compassion)을 통해 누가복음 6장 36절 "너희 아버지께서 자비로우신 것같이 너희도 자비로운 사람이 되어라"가 제 인생의 핵심 말씀임을 깨달았습니다.

'말씀'은 단순히 머리로만 아는 게 아니라 삶에서 실제로 경험해야 비로소 살아있는 진리가 됩니다. 하나님은 두 번째 전환점인 캐나다 목회자 성경연구원의 강의를 통해 제게 그 경험의 문을 열어주셨습니다.

'출애굽기를 알면 인생이 보인다'라는 주제로 성경적 인생관을 정리하면서 제 이야기가 '하나님의 구원-광야-예배-선교'라는 구속사(救贖史, redemptive history)의 큰 흐름 안에서 해석되었고, 그때부터 '긍휼'은 머릿속 개념이 아니라 삶의 방향을 제시하는 나침반이 되었습니다.

세 번째 결정적 사건은 2007년 A국 단기선교 중에 일어났습니다. 치유 사역을 하시던 임 사모님의 기도로 하나님이 제 왼쪽 가슴을 뜨겁게 불태우듯 만지셨습니다. 아프지 않은 곳은 간지러울 뿐인데, 상처받은 마음의 자리만 빨갛게 달아올랐습니다. 저는 비명을 지르며, 아주 작은 부분이나마 예수님의 십자가 고통을 깨닫기 시작했습니다. 누군가가 왜 저분은 왼쪽 가슴만 그러냐고 묻자 임 사모님이 "마음속에 한이 많아서 그래요"라고 대답하셨습니다. 그 말을 듣는 순간 저는 무너져 울었습니다.

'주님, 제 인생은 정말 고통의 연속입니다. 왜 선교지까지 와서 또 이런 아픔을 겪게 하십니까?'

그런데 기도 중에 이런 하나님의 음성이 제 마음에 들려왔습니다.

"너는 내 마음을 알고 싶다고, 예수 그리스도의 심장을 달라고 그토록 간절히 기도하지 않았느냐. 지금 네가 느끼는 이것이 바로 그 심장이다. 내가 너를 보내는 모든 곳에서 한 사람 한 사람을 얼마나 소중히 여기는지, 아파하며 찢어지는 나의 마음으로 전하라. 너는 이제 '고난받는 사람'이 아니라 나의 긍휼의 일꾼, 나의 자비를 전하는 사람, 나의 기쁨을 나누는 사람이다."

그 음성은 저의 지난 시간을 완전히 새롭게 해석해주었습니다. 고통의 길은 긍휼을 배우는 학교였고, 제가 겪은 상실과 눈물은 하나님의 마음을 이해하는 소중한 배움이었습니다. 그 후 저는 가는 곳마다 주님의 마음, 긍휼을 전했습니다. 주님은 제게 캐나다와 미국, 한국과 선교지에서 하나님의 자비와 긍휼을 전할 수많은 기회를 주셨습니다. 이제 그 모든 경험이 담긴 이 책으로 당신에게 다가갑니다.

긍휼 여정의 12챕터

이 책은 저자의 경험으로 시작해 성경의 확고한 기초를 거쳐, 긍휼의 깊은 의미를 삶 속에서 발견하는 여정으로 설계되었습니다.

Part 1,2(1-5장) 토대 세우기

"세상은 왜 아픈가, 하나님은 왜 나를 품으시는가"

세상의 고통을 이해하고(1-2장), 하나님의 긍휼이 무엇인지 깊이 경험하며(3-5장) WHY의 토대(해석과 정체성)를 세웁니다.

Part 3,4(6-9장) 내면에서 관계로

"왜 회개가 귀환인가, 왜 열매가 가능해지는가"

하나님의 사랑을 경험한 마음이 어떻게 변화하고(6-7장), 그 변화가 어떻게 삶의 열매로 이어지는지를 보며(8-9장) WHY가 실제로 작동하는 원리를 배웁니다.

Part 5(10-11장) 다음 여정으로 가는 다리

"왜 하나님은 우리를 광야로 부르시는가"

광야는 하나님이 우리를 훈련하는 장소입니다. 이 장은 다음 권《광야훈련학교》로 이어지는 다리입니다. 긍휼을 경험한 사람에게 왜 광야 훈련이 필요한지, 그 훈련이 어떤 의미인지를 이해하게 됩니다.

Part 6(12장) 예배로 여는 문

"감사와 찬양이 넘치는 삶"

긍휼을 입은 자녀가 보일 수 있는 최고의 반응은 예배입니다. 절망적인 순간에도 예배의 자리를 지킨 한 어머니의 이야기를 통해, 예배가 어떻게 삶 전체를 하나님께 드리는 헌신인지를 봅니다. 이 장은 세 번째 권《가정영성학교》로 가는 문입니다.

이 책을 읽는 3가지 방법

첫째, 소그룹으로 함께 읽으세요.

각 장 마지막에는 각각 5개의 소그룹 나눔 질문을 실었습니다. 소그룹에서 이 책을 함께 읽고 이 나눔 질문으로 대화를 나누십시오. 서로의 고통에 귀를 기울이고 긍휼의 하나님을 함께 발견하며 서로를 위해 기도하십시오. 그 자리에 치유자이신 예수님이 함께하실 것입니다(마 18:20).

긍휼은 혼자만의 경험에 그치지 않습니다. 성경은 "너희 죄를 서로 고백하며 병이 낫기를 위하여 서로 기도하라"(약 5:16)라고 말씀합니다. 공동체

안에서 상처와 치유의 이야기를 나눌 때 더욱 깊은 회복을 경험하게 됩니다.

둘째, 묵상하며 천천히 읽으세요.

이 책은 정보 전달이 아니라 마음의 변화를 위한 책이니 급하게 읽지 말고 장마다 하나님이 당신에게 하시는 말씀에 귀를 기울이세요. 자신의 고통과 상처, 치유와 회복의 경험을 떠올려 보세요. 하나님은 당신의 이야기를 통해 말씀하십니다.

셋째, 기도하며 읽고, 실천하며 읽으세요.

"하나님, 이 책을 통해 당신의 긍휼을 더 깊이 경험하게 하소서. 내 마음을 만지시고, 변화시켜주소서"라고 기도하세요. 긍휼은 단순히 마음으로 느끼는 데서 그치지 않고 실제로 함께하는 행동입니다. 각 장에서 배운 것을 내가 오늘 할 수 있는 작은 한 가지로 실천해보세요.

이 책이 당신에게 줄 유익

첫째, 읽고 나면 '왜'가 이해됩니다.

고통과 상처를 해석하는 관점이 바뀝니다. 하나님은 냉정한 심판자가 아니라 돌아오기를 기다리시는 아버지이심을 알게 됩니다. 그래서 "왜 나에게 이런 일이?"가 "이 일을 통해 하나님은 무엇을 하시나?"로 바뀝니다.

둘째, 마음이 돌아섭니다.

율법적 자책이 아니라 복음적 회개, 즉 죄의 방향을 돌이켜 하나님의 품으로 돌아가는 결단이 일어납니다. 자기비난은 줄고 은혜를 신뢰하는 담대함이 자랍니다.

셋째, 삶이 움직입니다.

긍휼은 감정이 아닌 습관과 선택이 됩니다. 오늘 할 한 가지(용서의 한 문장, 화해를 위한 한 통의 연락, 예배의 자리를 지키는 작은 실천)로 관계와 일상이 조금씩 회복의 방향으로 나아갑니다.

실천 방법보다 이유와 동기로 방향을 바꾸라

긍휼은 단순한 동정심이 아니라 거리를 좁혀주는 사랑입니다. 멀리서 안타깝게 바라보는 태도가 아니라 동행을 결단하는 것입니다. 하나님 아버지는 우리를 찾아오셨고, 예수님은 우리와 함께 사셨고, 성령님은 지금도 우리 안에 계십니다. 그래서 이 책은 고통의 자리에서 긍휼하신 하나님께로, 그리고 예배와 사명으로 나아가는 여정을 안내합니다.

많은 사람이 신앙생활을 시작할 때 곧바로 기도하는 방법, 성경 읽는 방법, 전도하는 방법 등 훈련과 실천부터 배우려고 합니다. 물론 그런 것도 중요하지만, 왜 그렇게 살아야 하는지 그 근본적인 이유와 동기를 아는 것이 더 중요합니다. 방향이 먼저이고, 방법은 그다음입니다. 방향이 잘못되면 아무리 열심히 달려도 목적지에 도달할 수 없습니다. 동기가 불순하면 아무리 좋은 일을 해도 오래갈 수 없고, 사랑이 없으면 아무리 큰 능력이 있어도 소용이 없습니다.

그래서 하나님은 우리에게 먼저 그분의 사랑을 보여주십니다. 우리가 얼마나 소중한 존재인지, 하나님이 우리를 얼마나 깊이 사랑하시는지를 경험하게 하십니다. 그 사랑을 경험한 사람은 억지로 하지 않습니다. 자연스럽게 기쁨과 감사함으로 하나님을 따라가게 됩니다.

혹시 당신이 지금도 "왜 하필 내게만 이런 고통이 찾아오는 걸까"라고 묻고 있다면, 저는 이렇게 말씀드리고 싶습니다. 먼저 긍휼하신 하나님의 품에 안기세요. 어머니가 아픈 자녀를 품에 안듯이 하나님은 상처받은 우리를 그 깊은 사랑으로 안아주십니다.

훈련이나 노력보다 먼저, 마음 깊은 곳에서 우러나는 하나님의 사랑을 경험하는 것입니다. 그분의 긍휼이 인생의 방향을 정해주면 광야의 훈련은 자연스럽게 삶의 방법을 가르쳐줄 것입니다.

당신의 고통에는 목적이 있습니다. "아버지께서 긍휼하신 것처럼", 바로 그 사랑의 품 안에서 다시 깊이 숨을 쉬며 살아갈 수 있습니다. 당신이 겪고 있는 그 고통, 그 상처, 그 아픔은 무의미하지 않습니다. 하나님은 그 모든 것을 통해 당신을 긍휼의 사람으로 빚어가고 계십니다.

저는 이제 확신합니다. 제가 겪었던 상처들은 인생의 끝이 아니라 새로운 시작이었고 그 모든 아픔은 누군가의 회복을 위해 하나님이 미리 준비해주신 소중한 과정이었습니다. 당신도 그럴 것입니다. 당신의 상처가 누군가의 치유가 되고 당신의 눈물이 누군가에게 위로가 되며 당신의 회복이 누군가의 소망이 될 것입니다.

이제 함께 여행을 떠날 시간입니다. '긍휼마음학교'라는 아름다운 여정을 함께 걸어봅시다. 이 여행이 끝날 때쯤 당신은 다른 사람이 되어 있을 것입니다.

- 하나님의 사랑을 깊이 경험한 사람
- 다른 사람의 아픔을 긍휼히 여길 수 있는 사람
- 삶의 어떤 상황에서도 소망을 잃지 않는 사람
- 진정한 예배자로서 하나님께 영광을 돌리는 사람

사랑하는 독자 여러분, 이제 '긍휼마음학교'의 문이 열립니다. 하나님의 사랑 안에서 치유받고 회복되는 놀라운 경험을 하시기를 기도합니다. 하나님의 긍휼이 당신과 함께하시기를 축복합니다.

감사의 글

비천한 저를 기억하시고 지금까지 붙들어 주셨으며 앞으로도 끝까지 붙들어 주실 긍휼의 삼위일체 하나님께 모든 감사와 영광을 올려드립니다. 이 책은 저의 어떠함이 아니라 넘어지고 흔들릴 때마다 다시 일으켜 세워 주신 주님의 긍휼이 남긴 발자취입니다. 이 부족한 그릇을 사용해주신 주님의 은혜 앞에 조용히 머리 숙여 감사와 찬송을 올려드립니다.

지현호 드림

1

세상의 고통 이해하기
"세상은 왜 아픈가?"

2

하나님의 긍휼 깊이 경험하기
"하나님은 왜 나를 품으시는가?"

3

긍휼을 경험하면 일어나는 일
"왜 회개가 귀환인가?"

4 사랑받은 사람이 사랑하며 사는 법
"왜 열매가 가능해지는가?"

5 메마른 곳에서 하나님 만나기
"왜 하나님은 광야로 부르시는가?"

6 긍휼에 대한 가장 아름다운 응답
"감사와 찬양이 넘치는 삶"

고통은 나를 무너뜨리는 사건이 아니라

하나님을 향해 깨어나게 하는 신호입니다.

'왜 나만?'이라는 질문을 피하지 않고

그 한가운데서 하나님의 시선으로

나를 다시 읽기 시작할 때

상처는 이야기가 되고 의미가 되어

나의 고통을 부르심의 자리로

재정의할 수 있게 됩니다.

세상의 고통 이해하기

"세상은 왜 아픈가?"

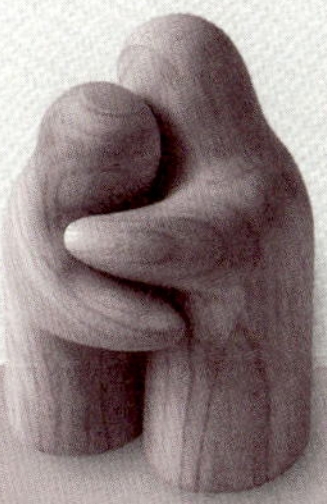

chapter 1

왜 나에게만
이런 일이?

가족을 덮친 고통의 연대기

저는 오랫동안 제 인생을 '고통의 연대기'로만 바라보며 살았습니다. 3대째 기독교인이며 이른바 '모태신앙'을 가진 사람이었지만, 고통은 피할 수 없었습니다. 우리 가족 한 사람 한 사람에게 찾아온 사고와 시련으로 저는 고통스러운 슬픔과 원망의 시간을 지나며 깊은 어둠에 잠겼습니다.

하지만 그 시간을 거쳐, 지금은 고통이 끝이 아니라는 것을 알게 되었습니다. C. S. 루이스의 말처럼, 고통은 '귀먹은 세상을 불러 깨우는 하나님의 메가폰'이었습니다. 고통 속에서도 우리를 찾아오시는 하나님이 계시고, 그분의 긍휼하심이 우리의 상처를 치유하시며 새로운 소망을 주신다는 것을 깨달았습니다.

아버지의 뇌종양과 죽음

제 아버지는 정말 따뜻하고 정이 많은 분이셨습니다. 일찍 부모님을 잃고 형님들과 누님들의 희생으로 자라나셔서, 우리 집 가훈이 '우애'일 정도로 가족 사랑을 강조하셨습니다.

그런데 고모님이 갑자기 돌아가시고, 얼마 후 50대의 큰아버지마저 간경화 말기로 세상을 떠나시자 아버지는 큰 충격에 빠지셨습니다. 남겨진 큰

댁 식구들을 돌봐야 한다는 부담감과 상실감으로 술에 의존하기 시작하셨는데, 어느 날 사무실에서 갑자기 쓰러지셨습니다. 처음에는 간 이상으로 진단받아 6개월간 치료받았지만, 점점 무섭게 화를 내고 이상한 모습을 보이셔서 대학병원에서 검사받은 결과 뇌종양 말기로 판명되었습니다.

수술 전 아버지는 마치 예감하셨던 것처럼 유언을 남기셨습니다.

"내 한평생 바라는 소원 없이 잘 살다 가오. 그런데 내 아내와 자식들, 그리고 형님네 식구들은 이 험한 세상에서 어떻게 살아갈꼬!"

인생에서 처음으로 아버지의 연약한 모습을 보았습니다. 수술실에 들어가기 전, 아버지는 울고 계신 큰어머니에게 성경책을 건네며 "형수님, 이제 하나님을 믿으십시오"라고 말씀하셨습니다.

세 차례 뇌수술 후 아버지는 말을 못 하고 한쪽 다리와 팔을 전혀 움직일 수 없게 되셨습니다. 가족의 도움 없이는 목욕도 할 수 없는 몸으로 2년을 더 사셨습니다. 저와 어머니는 40일 새벽작정기도를 드리며 아버지의 회복을 기도했습니다. 38일째 되는 날, 제가 갑자기 배가 아파 어머니가 저를 업고 교회에 나가야 할 정도였어도 기도를 포기하지 않았습니다.

하지만 40일 기도가 끝난 후에도 아버지는 회복되지 않고 결국 돌아가셨습니다. 그때 저는 맹장 수술로 입원한 동생을 간호하고 있어서 아버지의 임종도 보지 못했습니다.

어머니의 신장이식 수술

몇 년 후, 어머니께서 저희에게 "큰외삼촌이 신장이식을 하지 않으면 죽을 수밖에 없는데, 내가 기증해야겠구나. 하나님께서 복음을 위하여 큰외삼촌에게 신장을 기증할 기회를 주셨구나!"라고 말씀하셨습니다. 동생은 울고,

저는 "절대 그래서는 안 됩니다! 하나밖에 없는 어머니마저 잘못되면 저희는 어떻게 합니까?"라며 격렬하게 반대했습니다. 더 큰 일을 저질러서라도 어머니를 말리려고 소주 됫병(5병 분량의 큰 병)을 다 마셨습니다. 얼마나 많이 마셨는지 피까지 토했고, 거의 일주일을 일어나지 못했습니다.

그런 저를 보며 어머니는 많이 우셨지만, 한약을 지어주시며 "너도 언젠가는 하나님의 깊은 뜻을 알게 될 거야. 하나님의 은혜와 십자가 복음의 소중함을 알게 될 거야" 하고는 수술하러 서울로 떠나셨습니다.

40대였던 어머니는 수술 후 60대 할머니처럼 보였습니다. 허리를 똑바로 펴지도 못하고, 한 손으로는 지팡이에 의지하며 고통이 가득한 모습으로 나타나셨습니다. 교회에서 그런 어머니를 권사님이라고 부르는 성도들에게 "저는 집사이고 40대입니다"라고 대답하시는 모습을 볼 때마다 제 마음은 이루 말할 수 없이 아팠습니다. 2년 동안 어머니의 아픈 모습을 보며 제 안에 하나님에 대한 원망과 분노가 더욱 커져만 갔습니다.

동생의 교통사고와 죽음

어머니의 수술 후 저는 더욱 방황했습니다. 삶의 의미를 잃고 동네 당구장에서 자정까지 건달들과 어울렸습니다. 어머니는 그런 저를 매일 당구장까지 찾아와 제가 좋아하는 빵을 전해주시고, 당구장 사장과 건달들에게도 "제 아들이 밖에 있으면 사고 칠 텐데, 이곳에서 이렇게 잘 돌봐주셔서 감사합니다"라고 인사하셨습니다.

어머니의 사랑 덕분에 저는 검정고시를 통과하고 대학교에 진학했습니다. 매 학기 장학금을 받으며 토목기사 자격증도 땄습니다. 졸업할 때, 벌어둔 300만 원 중 270만 원은 어머니에게 드리고, 20만 원은 고생한 학우들과의 술값으로 두고, 10만 원은 동생에게 용돈으로 주었습니다.

동생 현웅이가 어떻게 하면 이렇게 돈을 벌 수 있냐고 물었습니다. 제가 "공사판 막일을 뛰어도 자격증이 있는 사람과 없는 사람은 차이가 커. 공대 자격증은 돈이야!"라고 대답해주자 대학 입학 가능성이 없던 동생이 삭발을 하고 책상 앞에 'I CAN'이라는 문구를 써 붙이고 1년간 열심히 공부해서 지방 공과대학에 합격했습니다.

"형! 나도 형처럼 공대에 입학해서 자격증도 따고 돈도 많이 벌어서 어머니 호강시켜드릴 거야! 형, 우리 정말 열심히 살자!"

입학식 날, 동생은 멋진 양복을 입고 어머니에게 공학박사 자격증을 따서 호강시켜드리겠다며 기대에 부푼 모습으로 "학교 다녀오겠습니다" 하고 집을 나섰습니다. 드디어 우리 집의 고난이 끝나는 것 같았습니다. 그런데 동생이 밤늦도록 귀가하지 않더니 자정이 지나 전화벨이 울렸습니다.

"형님! 현웅이가 대학병원 응급실에 입원했습니다. 보호자가 필요하니 지금 빨리 오시면 좋겠습니다!"

병원에 가보니 인공호흡기에 의지해 가쁜 숨을 몰아쉬는 청년이 있었습니다. 머리가 부어서 도저히 누군지 알 수 없었지만, 아침에 입고 갔던 양복과 피 묻은 넥타이, 그리고 침대 앞의 '지현웅'이라는 이름표로 제 동생임을 알 수 있었습니다.

목격자들의 증언에 따르면 동생은 신입생 환영회를 마치고 집에 오는 길에 대학로에서 누군가와 싸우다가 길거리로 넘어졌고, 그 순간 음주운전으로 의심되는 차량이 동생의 머리를 깔고 지나간 것이었습니다.

의사 선생님은 CT 사진을 보여주며 "머리뼈가 세 군데 깨졌습니다. 뇌압이 오르고 여러 가지 상황이 좋지 않아 1시간 이내에 사망할 것 같습니다.

장기기증을 권유합니다"라고 말씀하셨습니다. 저는 그때 처음으로 무릎을 꿇으며 의사 선생님의 옷자락을 붙들고 울부짖었습니다.

"제발 동생을 살려주세요! 제 하나밖에 없는 동생입니다! 동생이 죽으면 제겐 소망이 없습니다! 동생을 책임져야 할 가장으로 살아가야 하는데 이렇게 죽으면 너무 허망합니다! 모든 것을 드릴 테니, 제발 제 동생을 살려주세요! 동생의 몸이 이렇게 따뜻하고 온기가 느껴지는데 어떻게 장기기증을 할 수 있겠습니까?"

의사의 말대로 1시간이 지난 후, 동생의 인공호흡기는 더 이상 작동하지 않았습니다. 다른 신체측정기계 수치도 모두 '0'이 되었습니다. 간호사의 힘 없는 말이 들렸습니다.

"동생분은 사망하셨습니다."

저는 현실을 받아들일 수 없어 짐승처럼 울부짖으며 절규했습니다. 저보다 더 힘들었을 어머니는 아무 소망 없는 모습으로 쓰러져 계셨습니다.

동생의 장례식장에 경찰이 찾아와 동생이 자살했다며 운전자 과실 30, 동생 과실 70이라고 했습니다. 가해자 측에서 무릎을 꿇고 형사 합의를 청했습니다. 죽은 동생은 다시 돌아올 수 없었고, 어머니는 "사람을 죽이고 싶어서 죽일 사람이 어디 있겠느냐"라며 가해자를 용서해주셨습니다.

하지만 친척의 도움으로 사건을 재검토한 결과, 경찰관과 증인들이 사실을 왜곡했다는 것이 밝혀졌습니다. 재수사 결과 동생 과실 30, 운전자 과실 70퍼센트로 뒤바뀌었고, 동생은 자살이 아닌 사고사로 결론 났습니다.

너무 억울하고 분해서 잠을 잘 수 없었습니다. 그때부터 저는 지갑 속에 동생을 죽인 자들의 이름과 주소, 주민등록번호를 적은 종이를 넣어두고 복수할 날을 기다렸습니다.

하나만 상해도 전체를 버리게 된다

이 모든 고난을 겪으면서 저는 계속해서 이런 질문들을 던졌습니다.

'왜 하필 우리 가족에게 이런 일들이 연달아 일어나는 걸까?'

'하나님이 정말 계신다면 왜 이런 고통을 허락하실까?'

'3대째 기독교인인데, 왜 우리가 이렇게 고생해야 하나?'

'착하게 살려고 노력하는 사람들에게 왜 이런 일이?'

처음에는 이렇게 생각했습니다.

'우리가 다른 사람들보다 특별히 나쁜 짓을 했나? 아니다. 오히려 성실하게 살았는데….'

'세상이 불공평하게 돌아가는 건가? 좋은 사람에게는 좋은 일이, 나쁜 사람에게는 나쁜 일이 일어나야 하는 것 아닌가?'

'하나님이 계신다면 착한 사람들은 보호해주셔야 하는 것 아닌가?'

그런데 이런 생각들은 한 가지 중요한 전제를 깔고 있었습니다. 바로 '나는 기본적으로 괜찮은 사람이다', '우리 가족은 착한 사람들이다'라는 전제입니다. 그런데 정말 그럴까요?

복수심에 사로잡혀 지낼 때 문득 저 자신을 돌아보게 되었습니다. 가해자들의 이름과 주소를 적어 지갑에 넣어두고 복수를 벼르던 제가 정말 '착한 사람'이었을까요? 어머니의 신장이식을 막으려고 소주를 들이켜며 피를 토했던 제가 정말 '효자'였을까요? 당구장에서 건달들과 어울리며 노름하던 제가 정말 '의로운 사람'이었을까요?

그때까지 저는 '적어도 나는 살인하지 않았으니까, 적어도 나는 사기 치지 않았으니까, 적어도 나는 교회에 다니니까'라고 저를 다른 사람들과 비교하며 살았습니다. 하지만 이런 비교의 기준은 올바르지 않았습니다. 마치 시험에서 20점을 맞은 학생이 10점 맞은 학생을 보며 "나는 좋은 점수를 받았어"라고 말하는 것과 같았습니다. 중요한 것은 절대적인 기준, 즉 하나님의 기준입니다. 그렇다면 이 문제를 어떻게 이해해야 할까요?

캐나다 유학 시절, 일상의 작은 경험을 통해 이 문제가 명확해졌습니다. 믿지 않는 유학생 친구들을 초대해 복음을 전하려고, 임신한 아내가 정성껏 짜장 요리를 준비했습니다. 신선한 채소와 좋은 고기 등 가장 좋은 재료들을 사다가 정성스럽게 손질하고 각종 양념을 준비했습니다.

향기로운 냄새에 기대가 컸는데 어느 순간부터 역한 냄새가 나기 시작하더니 점점 더 심해졌습니다. 알고 보니 그 많은 재료 중 하나가 상해있었던 것이 원인이었습니다. 아내는 속상한 마음에 눈물을 글썽이며 큰 솥에 담긴 짜장을 모두 버려야만 했습니다. 아무리 좋은 재료를 99개 넣었어도, 단 하나의 상한 재료가 전체를 오염시켜버리면 다 못 먹게 됩니다.

이 일을 통해, 우리 인간의 상태가 바로 그 짜장과 같다는 깨달음을 얻었습니다. 아무리 좋은 일을 많이 해도, 마음 깊은 곳에 있는 이기심과 교만, 하나님을 외면하는 마음이 상한 재료처럼 우리 전체를 오염시킵니다.

모든 사람이 죄를 범하였으매 하나님의 영광에 이르지 못하더니 롬 3:23

성경은 하나님 앞에 의로운 자가 없다고 선언합니다. 세상의 기준으로는 선한 사람일지라도, 완전하신 하나님의 기준에서는 모두가 죄인일 뿐입니다. 하나의 상한 재료가 요리 전체를 망치듯, 하나의 죄가 나 전체를 하나님 앞에서 부적격하게 만듭니다.

모든 고통과 아픔은 죄의 결과물

죄의 문제가 얼마나 치명적이며 어떤 결과를 가져오는지를 또 다른 경험을 통해 다시 깨닫게 되었습니다. 한 친구를 만났는데 이 친구가 다리를 절뚝거리고 있었습니다. 친구는 한 달 전쯤 식당에서 돌솥밥을 먹고 누룽지를 만들려고 솥에 뜨거운 물을 부었는데 실수로 그 무거운 돌솥을 발등에 떨어뜨렸다고 합니다. 펄펄 끓는 물이 발등을 덮쳐서 한 달 동안 출산에 비견될 만큼 극심한 고통의 화상 치료를 받아야 했습니다.

저는 친구의 고통스러운 경험을 듣고 조심스럽게 물었습니다.

"친구야, 한 달 동안의 화상 치료가 그렇게 고통스러웠다고 했지? 하지만 너에게는 한 달 후에는 반드시 나을 수 있다는 희망이 있었잖아. 만약 그런 극심한 고통이 한 달이 아니라 영원히 계속되고, 치료받아 회복될 희망마저 전혀 없다면 어떨 것 같아?"

바로 그때, 저의 내면에 깊은 깨달음이 밀려왔습니다. 뜨거운 물이 한순간 닿았을 뿐인데도 한 달 동안 극심한 고통을 안겨준 돌솥밥의 화상처럼, 죄는 우리의 내면에 한순간의 실수로 끝나지 않는 치명적인 상처를 남깁니다. 또한, 돌솥밥이 식으면 바닥의 누룽지가 돌처럼 단단하게 굳어버리듯이 죄는 우리의 영혼을 차갑고 딱딱하게 만들어 스스로는 결코 회복될 수 없는 상태로 굳게 합니다.

저는 이 깨달음을 통해 제가 겪은 가족사의 여러 고통이 단순히 운이 없거나 세상이 불공평해서 일어난 일이 아니라는 것을 비로소 알았습니다. 우리의 개인적 고통과 세상의 모든 아픔은 이 근본적인 '죄로 인한 굳어짐'이 가져온 필연적인 결과입니다.

성경은 이 문제의 심각성과 최종 결과를 단 한 문장으로 정의합니다.

여기서 말하는 '사망'은 단순히 육체의 숨이 멎는 것을 넘어섭니다. 성경이 말하는 사망은 세 가지 차원입니다.

- **육체적 사망** : 우리가 아는 생명의 끝
- **영적 사망** : 생명의 근원이신 하나님과의 관계가 끊어진 상태
- **영원한 사망** : 하나님과 영원히 분리되어 고통받는, 돌이킬 수 없는 절망적 상태

친구의 화상은 한 달의 고통 뒤에 치유되었지만, 죄로 인해 돌처럼 굳은 우리 영혼이 맞이할 영원한 사망은 인간의 힘으로는 결코 치유될 수 없습니다. 돌솥 바닥의 누룽지가 스스로 떨어질 수 없듯, 우리는 스스로 회복할 수 없는 절망적 상태에 놓인 존재입니다.

내 희망의 끝에서 하나님의 사랑이 시작된다

그럼 희망이 전혀 없다는 말일까요? 맞습니다. 인간의 힘으로는 정말 희망이 없습니다. 하지만 여기서 끝은 아닙니다. 바로 이 지점에서 하나님의 놀라운 사랑이 시작됩니다. 로마서 6장 23절은 이렇게 계속됩니다.

죄의 삯은 사망이요 하나님의 은사는 그리스도 예수 우리 주 안에 있는 영생이니라

죄의 결과는 사망이지만, 하나님께서 주시는 선물은 영생입니다. 우리가 받아 마땅한 것은 죽음이지만, 하나님께서 거저 주시는 것은 영원한 생명입니다. 굳어버린 돌솥의 누룽지도 뜨거운 물과 시간을 들이면 다시 부드러워지듯, 하나님의 긍휼은 우리의 굳어진 마음을 녹입니다. 인간의 손으로는 떼어낼 수 없던 것을 주인의 손길과 정성이 회복시킵니다.

제가 겪었던 아버지의 죽음, 어머니의 수술, 동생의 죽음이라는 고통은 제게 이런 메시지를 전했습니다.

"지금 당신에게는 하나님의 치료가 필요하다!"

만약 화상을 입고도 아프지 않다면 더 큰 위험을 당할 수 있습니다. 통증은 우리 몸이 보내는 경고 신호이기 때문입니다. 마찬가지로 죄의 문제를 심각하게 느끼지 못한다면, 더 큰 영적 위험에 노출될 수 있습니다.

고통은 우리의 적이 아니라 우리를 하나님께로 이끄는 안내자입니다. 고통은 '나는 하나님의 도움이 필요하다'라고 깨닫게 해주기 때문입니다.

상한 재료가 들어간 요리를 버릴 수밖에 없었던 것처럼, 죄로 인해 상해버린 우리도 버려져야 마땅합니다. 돌솥 바닥에 눌어붙은 누룽지가 굳어 스스로는 떨어질 수 없듯, 죄로 인해 굳어진 우리도 스스로 회복할 수 없습니다. 화상으로 고통받는 환자가 스스로 치료할 수 없는 것처럼, 죄로 인해 상처받은 우리도 자신을 스스로 치유할 수 없습니다.

하지만 하나님은 우리를 버리지 않으셨습니다. 오히려 우리의 상처를 불쌍히 여기어 친히 치료하러 오셨습니다. 주인이 뜨거운 물과 정성으로 굳어진 돌솥을 깨끗이 하듯, 하나님은 성령의 불과 생수로 우리의 굳어진 마음을 녹여주십니다. 이것이 바로 하나님의 긍휼입니다.

아버지를 잃고, 어머니가 고통받는 모습을 보며, 동생의 죽음 앞에서 절망했던 제가 지금 이렇게 하나님의 긍휼을 증거할 수 있게 된 것은 기적과 같은 일입니다.

다음 장에서는 이런 고통 속에서 우리는 어떤 반응을 보이며, 그 반응들은 우리를 어디로 이끄는지 살펴보겠습니다. 또한 하나님의 놀라운 긍휼하심이 어떻게 우리의 절망을 희망으로 바꾸시는지 함께 발견해나갑시다.

❶ 인생의 고통과 하나님의 음성

C. S. 루이스는 "고통은 하나님의 메가폰"이라고 말했습니다. 당신의 인생에서 겪었던 어려움이나 고통이 어떤 깨달음이나 변화를 가져다 주었나요? 그 경험을 통해 이전에 몰랐던 것을 알게 되거나 생각이 바뀐 부분이 있나요?

❷ '착한 사람'의 기준

저자는 자신을 다른 사람과 비교하며 '적어도 나는 살인하지 않았으니까'라고 생각했습니다. 당신은 보통 어떤 기준으로 자신을 '좋은 사람'이라고 판단하나요? 그 기준들은 과연 절대적이고 공정한 기준일까요? 완전한 기준이 있다면 그것은 무엇일까요?

❸ 고통 앞에서 솔직한 마음

저자는 가족의 연이은 고난 앞에서 하나님께 "왜?"라고 물으며 원망과 분노를 품었습니다. 당신은 이해할 수 없는 일을 당했을 때 어떤 감정을 느꼈으며 그 감정들을 누구에게, 어떻게 표현했나요? 그런 감정을 갖는 것이 잘못된 일이라고 생각하나요?

④ **상한 재료와 인간의 모습**

저자는 짜장 요리의 상한 재료 하나가 전체를 망친 것을 보고 인간의 죄 문제를 깨달았다고 했습니다. 우리 안에 있는 이기심, 교만, 시기심 등은 우리 삶에 어떤 영향을 미칠까요? 이런 것들 때문에 후회했던 경험이 있다면 나누어보세요.

⑤ **절망 속에서 찾은 희망**

죄로 인해 절망적인 상황에 처한 인간에게도 하나님이 '거저 주시는 선물'이 있다고 했습니다. 예상치 못했던 도움이나 은혜를 받은 경험이 있나요? 그 도움이 정말 '거저 받은 선물'처럼 느껴졌던 순간은 언제였나요? 그 경험은 당신에게 어떤 의미였나요?

chapter 2 ——

고통 앞에서 드러나는
우리의 진짜 모습

고통에 대한 일반적 대처 방식

저는 가족의 고난을 연속적으로 겪으면서 "왜 우리에게만 이런 일들이?"라고 묻게 되었지만, 고통 자체보다 더 중요한 것은 고통에 대한 반응입니다. 같은 고통을 겪어도 어떻게 반응하느냐에 따라 그 인생은 완전히 달라질 수 있기 때문입니다.

고통을 마주할 때 사람들이 보이는 반응은 문화와 시대를 초월해서 대개 비슷합니다. 고통을 피하거나, 누군가를 탓하거나, 복수를 계획하거나, 무언가에 중독되려고 합니다. 이런 반응들을 심리학자와 상담가들은 '고통에 대한 일반적 대처 방식'이라고 부릅니다. 저 역시 예외가 아니어서, 많은 사람이 걸어가는 그 길을 똑같이 걸었습니다. 고통 앞에서 사람들이 보이는 다섯 가지 전형적인 반응을 살펴볼 텐데, 당신도 이 중 몇 가지는 경험해보았을 것입니다.

중독으로 도피

고통을 마주할 때 사람들이 가장 먼저 시도하는 것은 '도피'입니다. 어떤 사람은 술, 어떤 사람은 쇼핑, 또 어떤 사람은 게임이나 일에 몰두합니다. 심지어 종교적 활동조차 도피 수단으로 사용하기도 합니다. 모두 같은 목적입니다. 잠시라도 이 고통을 느끼지 않았으면 좋겠다는 것입니다.

중독이 주는 거짓된 평안의 특징은 명확합니다. 고통의 감각을 마비시키는 것입니다. 고통스러운 현실을 직면하지 않고 다른 것에 몰두함으로써 일시적으로 마음의 평안을 얻으려고 합니다.

중독이 무서운 것은 중독에 빠질수록 모든 감각이 마비되기 때문입니다. 이것은 꽤 심각한 일입니다. 예전에 나병이라고 불렸던 한센병의 사례가 이를 잘 보여줍니다. 한센병 환자들의 가장 큰 특징은 고통의 감각을 느끼지 못하는 것인데, 그래서 눈에 상처가 생겨도 고통을 느끼지 못해 치료 시기를 놓쳐서 시각장애인이 되는 경우가 많았다고 합니다. 고통을 느낄 수만 있었다면 치료받고 회복될 수 있었겠죠.

우리 마음의 고통도 그렇습니다. 고통은 "지금 뭔가 잘못되었다, 치료가 필요하다"라는 신호를 보내는 것인데 중독에 빠져 이 신호를 무시하거나 마비시키면 정작 필요한 치료 시기를 놓치게 됩니다. 그러므로 이 세상을 살아가면서 고통을 느낀다는 것은 꼭 나쁜 것만은 아닙니다.

저 역시 이 길을 걸었습니다. 어머니의 수술 후 삶의 의미를 잃고 방황하다 당구와 노름에 빠졌습니다. 그때를 돌아보면, 그 시간은 고통을 피하기 위한 도피에 불과했습니다. 그러나 진짜 추락은 동생을 잃은 후에 찾아왔습니다. 저는 완전히 무너져버렸습니다.

홀로 남은 어머니를 보면서 '만약 나까지 죽으면 어머니는 어떻게 사시나?'라는 생각 때문에 더욱 화가 났습니다. 소망도 없고 억울함을 풀 곳도 없어 매일 술로 보냈습니다. 술을 마실 때만 잠시 참을 만했다가, 술이 깨면 또 술을 찾아야만 했습니다. 그렇지 않고서는 도저히 참을 수 없었습니다. 완전한 악순환이었습니다.

그렇게 제 몸은 점점 망가져 갔습니다. 거의 알코올 중독자가 다 되었습니다. 술 마시고 담배 피우는 것 외에는 아무것도 할 수 없는 무능력한 사람이 되어버렸습니다. 길거리에서 토하고 그 자리에 쓰러져 있는 게 일상이었습니다. 몸에서는 악취가 풍겼고, 사람들이 피해 다녔습니다. 제가 제일 싫어하던, 사람들에게 민폐를 끼치는 쓸모없는 존재가 되었습니다. 중독은 결국 저를 더 깊은 고통으로 이끌었고, 피하려 했던 고통보다 훨씬 더 파괴적인 결과를 가져왔습니다.

분노와 원망

고통이 계속될 때 사람들이 보이는 두 번째 반응은 '분노와 원망'입니다. '왜 나에게만 이런 일이?', '누구 때문에 이렇게 됐지?' 이런 질문들이 머릿속을 떠나지 않습니다. 분노의 대상은 다양합니다. 하나님께 화를 내는 사람도 있고, 가족을 원망하는 사람도 있으며, 사회나 운명을 탓하는 사람도 있습니다. 자기 자신에게 화를 내기도 합니다.

심리학에서는 이를 '분노 단계'라고 부릅니다. 큰 상실이나 고통을 겪은 사람들 대부분이 거쳐 가는 자연스러운 과정입니다. 저도 예외가 아니었습니다.

술에 잔뜩 취해 집에 들어온 어느 날, 벽에 걸린 예수님 그림을 보는데 순간적으로 너무 화가 나서 그 그림이 있는 액자를 깨뜨려 버리려고 달려갔습니다. 그 순간 어머니가 저를 붙들고 말리시면서, 울며 기도하셨습니다.

"예수님! 용서해주세요! 아들의 아픈 마음을 누가 알겠습니까? 제발 용서해주시고 이 아들에게 긍휼을 베풀어주세요!"

저는 이해할 수 없었습니다. 어머니는 왜 이런 고통을 허락하신 하나님께 여전히 기도하시는 걸까요? 어째서 원망하지 않으시는 걸까요? 제게는 하나님이 너무 가혹한 분으로만 느껴졌습니다. 3대째 기독교인인 우리 가정에 왜 이런 일을 허락하셨는지 도무지 이해되지 않고 억울하기만 했습니다.

복수심과 증오

고통의 원인이 명확한 상황이나 특정 사람에게 있다고 생각될 때, 많은 사람이 보이는 반응은 '복수심'입니다. '그 사람도 나처럼 아프게 해주고 싶다', '똑같이 당해봐야 안다'라는 생각이 마음을 지배합니다. 단순히 화를 내는 것을 넘어서, 구체적인 계획을 세우고 실행하려는 단계까지 나아갑니다. 법적 소송을 준비하거나 상대방을 사회적으로 매장하려 하는 등 직접적인 보복을 계획하기도 합니다.

주님은 "원수 갚는 것이 내게 있으니 내가 갚으리라"(롬 12:19) 하셨지만, 고통 속에 있을 때는 그 말씀조차 받아들이기 어렵고, 내가 행하는 복수만이 유일한 위로인 것처럼 느껴집니다. 저도 이 단계를 깊이 경험했습니다. 동생의 죽음 후 내 인생의 의미가 완전히 사라졌다고 느낀 저는 사고를 내고 사실을 왜곡해 동생에게 책임을 뒤집어씌운 자들을 모두 죽이고 저도 극단적인 선택을 하려고 매일 큰 칼을 종아리에 차고 다녔습니다.

하지만 한 가지 걸림돌이 있었으니 바로 어머니였습니다. 두 아들을 잃고 홀로 남으실 어머니를 생각하니 함부로 행동할 수 없어서 제대 후 법대에 편입해 사법고시를 준비했습니다. 목적은 분명했습니다. 법을 공부해서 동생을 죽인 자들에게 복수하고, 저처럼 억울한 사람들을 도와주고 싶었습니다. 세상은 계속 제게 이렇게 말하는 것 같았습니다.

"법을 알아야 힘이 있다. 법을 알아야 억울한 자들을 도울 수 있다."

그래서 열심히 법을 공부했습니다. 동생을 죽인 자들에게 정당한 처벌을 내리고 억울한 사람들을 도울 수 있는 능력을 기르고 싶었습니다.

체념과 진정한 만남

고통이 너무 길어지거나 깊어지면 어떤 사람들은 '체념'의 단계에 들어갑니다. 이제 저항할 힘도, 분노할 에너지도 없어져 그저 하루하루를 버텨내는 것이 전부가 됩니다.

이때 주변 사람들의 조언이나 권유를 들으면 '그냥 해보라고 하니까 해보자', '뭐라도 해야 하니까' 하는 식으로, 마지못해 따르게 되는 경우가 많습니다. 하지만 때로는 이런 마지못한 순종 속에서도 예상치 못한 만남이 일어납니다. 진정으로 자신을 이해하고 공감해주는 사람을 만나게 되는 것입니다.

진심 어린 눈물과 긍휼

제게도 그런 순간이 찾아왔습니다.

동생의 죽음 후 술과 노름에 빠져 살 때 입대 영장이 나왔습니다. 군대에 가지 않을 방법이 있었지만, 어머니는 저를 돕지 않으셨습니다. 제가 현역으로 입대하는 것이 매일 술 취한 채 지내는 것보다 낫다고 생각하셨기 때문이었습니다. 그때 어머니는 제게 교회에서 일대일 양육을 받아보라고 권면하셨습니다.

'어머니는 내 삶에 도움이 안 돼! 군대 가는 것도 억울한데, 이제는 나에게 고통을 안겨줬던 교회에 나가라고 하니 정말 기가 막히게 힘들구나!'

하나뿐인 어머니의 간청이라 마지못해 들어드렸지만, 교회에 가면서도 속으로는 이런 마음이었습니다.

'누가 나를 가르쳐? 하나님이 어디 계시느냐고 내가 물어볼 테니까…. 누구든지 걸리기만 해봐라! 다 죽어버릴 거야!'

하지만 시간이 지나도 저를 가르치겠다는 사람이 없었습니다. '거봐, 아무도 없지?' 하고 지내던 중 갑자기 전화가 왔습니다. 한 젊은 목사님이 저를 직접 양육하겠다는 것이었습니다.

'목사라고? 쳇, 목사면 다야? 어디 보기만 해봐라!'

벼르는 마음으로 광주 월광교회에 가서 양육자를 기다리고 있는데 홍기일 목사님이라는 분이 오셨습니다(이분이 새벽예배를 마치고 가장 늦게까지 교회에 남아 기도하는 기도의 사람이라는 사실을 나중에 알게 되었습니다). 그 분은 분노에 차 있는 저를 보더니 아무 말도, 어떤 가르침도 없이 그저 저를 꽉 껴안고 울며 기도했습니다.

"하나님! 이 형제의 고통을 제가 어떻게 알 수 있겠습니까? 아버지! 이 형제에게 하나님의 위로하심과 평안을 주시옵소서! 아버지! 현호 형제의 마음을 위로하여주시옵소서! 하나님, 제가 죽어서 이 형제가 살 수 있다면 그렇게라도 하여주시옵소서! 긍휼을 베풀어주시옵소서!"

고통 중에 있는 사람이 진정한 위로를 경험하는 순간은 특별합니다. 그것은 대부분 누군가의 진심 어린 사랑을 느낄 때입니다. 말로 설득하려 하거나 훈계하거나 해결책을 제시하는 것이 아니라 그저 함께 아파하고 공감해주는 사람을 만날 때 비로소 얼어있던 마음이 녹기 시작하고 오랫동안 흘리지 못했던 눈물이 흘러나옵니다.

상담 심리학에서는 이를 '공감적 이해'라고 부릅니다. 판단하거나 가르치려 하지 않고, 그저 상대방의 처지에서 함께 느끼려고 하는 것입니다. 목사님이 저를 안고 울며 기도해주실 때 그런 순간이 제게도 찾아왔습니다.

제 눈에서 눈물이 흘렀습니다. 저는 술주정뱅이에다 사람들에게 소리치고 고함 지르는 쓸모없는 사람이었는데 어떻게 저 같은 사람을 위해 울어주고 대신 죽겠다고 기도할 수 있는지 이해할 수 없었습니다. 그러나 그 진심을 느낄 수 있었습니다. 동생을 잃은 뒤로 거의 반년 만에 처음 느껴보는 따뜻함이었습니다. 목사님의 품 안에서 엉엉 소리 내어 한없이 울었습니다. 그것이 저의 첫 번째 일대일 양육 시간이었습니다.

이것이 바로 진정한 긍휼입니다! 아파하고 신음하는 자들과 아버지의 마음으로 함께하는 것. 긍휼은 아픔과 고통 가운데, 소망 없는 자들 가운데 함께하며 그들과 같이 아버지의 마음으로 아파하는 것입니다.

목사님은 저에게 설교하지 않으셨습니다. 가르치려 하지 않았고 책망하지도 않으셨습니다. 그저 함께 아파해주시고, 제가 느끼는 고통을 함께 느끼려고 하셨습니다. 말과 가르침이 아니라, 먼저 아버지의 마음으로 길 잃은 한 영혼을 위한 애통함으로 저와 함께해주셨습니다. 같이 있어주는 그것이 바로 긍휼입니다.

고통에 대한 반응의 중요성

이러한 반응들은 특별한 사람들만의 것이 아닙니다. 정도의 차이는 있겠지만, 깊은 고통을 겪는 사람이라면 누구나 이런 과정을 거칩니다. 그런데 이런 반응들이 자연스럽기는 해도 근본적인 해결책은 되지 못하며, 오히려 더 큰 문제를 만들어낼 수 있습니다. 제 경험을 통해 배운 교훈을 나누어보겠습니다.

중독은 문제를 해결하지 못한다

술, 도박, 게임 등 어떤 중독이든 고통을 일시적으로 마비시킬 뿐, 근본적인 해결책이 될 수 없습니다. 중독은 고통을 해결하기는커녕 오히려 더 큰 고통을 초래하고, 고통의 감각이 마비되면 정작 치료가 필요한 시점을 놓치게 됩니다. 저 역시 술에 의존했을 때 더욱 비참해졌습니다. 건강도 잃고, 인간관계도 망가지고, 사람들이 피해 다니는 존재가 되었습니다.

분노와 원망은 나를 더 파괴한다

분노는 정당한 감정일 수 있지만, 분노에 계속 머물러 있으면 결국 자신을 파괴하게 됩니다. 하나님과 어머니를 향한 원망으로 가득했을 때 저는 더욱 어둠 속으로 빠져들었습니다.

복수심은 영혼을 병들게 한다

지갑 속에 원수들의 명단을 넣어두고 복수를 계획했던 시간은 제 영혼을 더욱 어둡게 만들었습니다. 복수심으로 가득 찬 마음에는 평안이 있을 자리가 없었습니다. 복수는 하나님의 몫입니다. 인간이 직접 복수하려 할 때, 그 사람의 영혼은 더욱 병들어갑니다.

올바른 반응 : 진실한 사람들과의 만남

제게 진짜 변화를 가져다준 것은 진심으로 저와 함께 아파해주는 긍휼의 사람과의 만남이었습니다. 설교나 가르침이 아니라, 진심 어린 사랑과 관심이 제 마음을 녹였습니다. 누군가 나를 정말로 이해하려 노력하고 내 고통을 함께 느끼려고 할 때, 비로소 마음의 문이 열리기 시작했습니다.

고통은 피할 수 없지만, 반응은 선택할 수 있습니다. 처음에 저는 잘못된 반응을 보였습니다. 술과 도박의 중독으로 도피했고, 하나님과 어머니를 향해 분노하고 원망했으며, 원수를 향해 복수심과 증오로 불탔습니다.

하지만 하나님은 중독에 빠져가는 저를 수렁에서 건지시고, 홍 목사님과 같은 분들을 통해 제게 다른 길이 있다는 것을 보여주셨습니다. 긍휼의 길, 함께 아파하며 서로를 품어주는 길 말입니다. 그리고 제 삶의 고통을 통하여 하나님의 긍휼을 볼 수 있는 큰 은혜를 베풀어주셨습니다. 이런 반응을 통해 저는 고통 자체가 문제가 아니라 고통을 통해 우리가 하나님의 긍휼을 얼마나 깊이 경험하느냐가 중요하다는 것을 깨달았습니다.

다음 장에서는 바로 그 '긍휼'이 무엇인지, 하나님의 마음이 어떤 것인지 구체적으로 살펴보겠습니다. 삼위일체 하나님이 어떻게 우리에게 긍휼을 베푸시는지, 그 긍휼이 우리 삶을 어떻게 변화시키는지 함께 발견해나가겠습니다.

1 나만의 '도피처' 찾기

어려운 일이 생겼을 때 주로 어떤 방법으로 마음을 달래나요? 술, 쇼핑, 게임, 일, 운동, 음식 등 각자만의 '도피처'가 있을 것입니다. 그런 것들은 실제로 문제를 해결해주었나요, 아니면 일시적으로 잊게만 해주었나요?

2 분노의 대상들

힘들었던 시기에 가장 원망스러웠던 대상은 누구 혹은 무엇이었나요? 가족, 친구, 사회, 운명, 하나님 등 다양할 수 있습니다. 그 감정을 어떻게 표현했고, 지금은 어떻게 생각하나요?

3 복수심의 무게

'지갑 속 원수 목록'처럼 마음속에 용서하지 못하고 있는 사람이나 상황이 있나요? 그 마음이 당신의 일상생활이나 인간관계에 어떤 영향을 미치고 있는지 생각해보세요. 나누기 어려우면 혼자만 생각해봐도 괜찮습니다.

④ **진정한 위로의 경험**

말로 설득하거나 조언하지 않고, 그저 함께 아파해주고 진심으로 위로해준 사람이 있었나요? 그때 어떤 기분이었고, 그 경험이 당신에게 어떤 변화를 가져다주었나요?

⑤ **회복을 위한 첫걸음**

중독은 고통의 신호를 마비시켜 치료 시기를 놓치게 할 위험이 있습니다. 이번 주, 고통을 덮기 위해 도피처(술, 게임, 쇼핑, 음식 등)를 찾는 대신 당신의 마음을 진심으로 돌보고, 다른 사람과 연결될 수 있는 구체적 행동 하나(하루 미디어 금식, 신뢰하는 사람에게 솔직한 문자 보내기, 10분 기도 또는 성찰 기록 등)를 선택해보세요. 어떤 습관을 줄이고 어떤 행동을 선택했나요? 그 이유는 무엇인가요?

죄로 마음이 굳어진 우리를

하나님은 긍휼로 품어 살려내십니다.

성부의 언약, 성자의 십자가, 성령의 새 마음이

예배와 일상을 다시 움직입니다.

긍휼의 참뜻을 배우고,

삼위 하나님의 함께하심을 경험하고,

끝까지 떠나지 않으시는 그분의 약속을 붙들며,

상처가 의미로 바뀌는 길로 나아갑시다.

하나님의 긍휼 깊이 경험하기

"하나님은 왜 나를 품으시는가?"

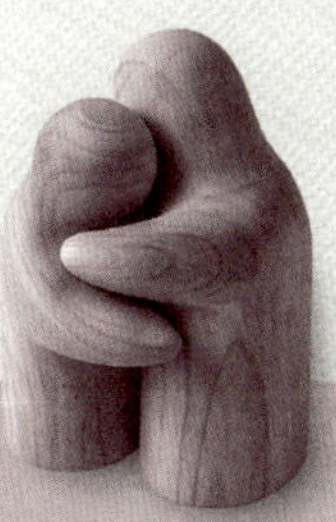

chapter 3 ——

그 운율의
진정한 의미

긍휼이란 무엇인가

홍 목사님이 저를 안고 함께 울어주실 때, 제가 동생을 잃은 후 처음으로 느꼈던 그 따뜻함은 정확히 무엇이었을까요? 바로 '긍휼'입니다.

'긍휼'이라는 단어를 처음 들을 때 어떤 마음이 드나요? 어쩐지 낡고 딱딱한 종교 용어처럼 느껴질지도 모릅니다. 긍휼이 무엇인지 정확히 알지 못하면 단순한 동정심이나 일시적인 감정으로 오해할 수 있습니다.

중요한 것은, 하나님의 긍휼이 어떤 것인지 모르면 우리가 경험해야 할 가장 소중한 사랑을 놓칠 수도 있다는 것입니다. 하지만 이 단어 안에는 우리가 평생 찾아 헤매던 가장 따뜻한 사랑의 이야기가 숨어 있습니다. 먼저 언어적 이해부터 시작해보겠습니다.

'긍휼'(矜恤)은 불쌍히 여길 긍(矜)과 구휼할 휼(恤)로 이루어졌으며, 사전적으로는 '불쌍히 여겨 돌보아 줌'이라고 정의됩니다.

성경의 원어를 살펴보면 훨씬 더 깊은 뜻이 드러납니다. 구약성경에서 '긍휼'을 뜻하는 히브리어 '라함'(רָחַם)은 '레헴'(רֶחֶם), 곧 '어머니의 자궁'에서 나온 말입니다. 이것이 얼마나 놀라운 사실인지 아시나요? 하나님의 사랑을 설명하는 가장 중요한 단어가 어머니의 자궁에서 나왔다는 것입니다. 어머니가 배 속 아기를 향해 갖는 그 본능적이고도 깊은 사랑, 생명으로 연결된

그 절절한 마음이 바로 긍휼의 본래 의미입니다. [1]

이 책에서는 '긍휼'이라는 단어를 일관되게 사용합니다(때로는 '자비'라는 표현도 함께 쓰지만, 같은 의미입니다).

하나님은 이렇게 말씀하십니다.

여인이 어찌 그 젖 먹는 자식을 잊겠으며 자기 태에서 난 아들을 긍휼히 여기지 않겠느냐 그들은 혹시 잊을지라도 나는 너를 잊지 아니할 것이라 사 49:15

여기서 우리는 중요한 진리를 발견합니다. 첫째, 긍휼은 어머니의 사랑과 같이 본능적이고 무조건적입니다. 둘째, 하나님의 긍휼은 어머니의 사랑보다 더 완전합니다. 어머니도 때로는 잊을 수 있지만, 하나님은 절대 잊지 않으십니다. 성경 전체에서 하나님의 긍휼은 일관되게 증언됩니다.

• 구약

"자비롭고 은혜롭고 … 하나님이라"(출 34:6)

"아버지가 자식을 긍휼히 여김같이"(시 103:13)

"그의 긍휼이 무궁하시므로"(애 3:22)

• 신약

"예수께서 불쌍히 여기사"(막 1:41)

"너희 아버지의 자비로우심같이"(눅 6:36)

---

[1] '레헴'(רֶחֶם, 자궁)과 '라함'(רָחַם, 긍휼히 여기다), '라하밈'(רַחֲמִים, 긍휼, 자비)은 모두 r-ḥ-m 어근에 속하며, 자궁의 이미지(생명을 품고 보호하는 돌봄)와 의미적으로 연결되어 깊은 연민과 자비를 묘사하는 표현으로 사용된다.

"내가 긍휼히 여길 자를 긍휼히 여기고"(롬 9:15)

흥미롭게도 신약성경은 구약의 히브리어를 하나의 헬라어로 직역하지 않고 여러 표현으로 풍성하게 증언합니다. '스플랑크니조마이'(σπλαγχνίζομαι)는 '내장'이라는 뜻으로, 깊은 내면의 연민을 표현하며(막 1:41; 골 3:12), '오익티르몬'(οἰκτίρμων)은 관계를 회복하는 자비를 뜻하고(눅 6:36; 약 5:11), '엘레오스'(ἔλεος)는 하나님의 약속에 기반한 언약적 자비를 가리킵니다(롬 9:15, 23). 이들은 구약의 긍휼 개념과 정확히 일치하는 단어는 아니지만, 그 의미가 자연스럽게 이어집니다.

이처럼 성경은 긍휼을 단순한 감정이 아니라, 생명을 낳고 돌보는 가장 깊고 강력한 사랑으로 증언합니다.

긍휼의 본질

이 긍휼은 마음속에 머무는 따뜻한 감정일까요, 아니면 반드시 구체적인 행동으로 나타나야 하는 것일까요? 성경에서 말하는 진정한 긍휼은 이 두 요소를 모두 품고 있습니다.

많은 사람이 긍휼을 단순한 동정으로 오해하지만, 히브리어 '라함'의 의미에서 보았듯 긍휼은 단순히 안타깝다는 감정이 아니라 생명으로 연결된 깊은 사랑입니다. 어머니가 배 속의 아기와 탯줄로 연결된 것처럼, 그 사람과 하나가 되는 것입니다.

이러한 성경적 긍휼은 감정(깊은 사랑)과 행동(곁으로 걸어감)이 함께 있어야 온전합니다. 감정만 있고 행동이 없으면 공허한 동정에 불과하고, 행동만 있고 마음이 없으면 차가운 의무일 뿐입니다.

현대 신학자 헨리 나우웬도 이 성경적 진리를 정확히 포착했습니다. 그는 자신의 책 《긍휼》에서 "긍휼은 특권적인 위치에서 낮은 곳에 있는 좀 더 불운한 자들에게 손을 뻗치는 것이 아니다. 긍휼은 직접 그 사람들에게로 다가가 고난이 가장 극심한 곳으로 들어가 거기에 자리잡는 것이다"[2]라고 말했습니다.

성경의 '라함'과 나우웬의 통찰이 일치하는 지점이 여기입니다. 긍휼은 멀리서 안타깝게 바라보는 것이 아니라 그 사람 곁으로 다가가는 것이며, 위에서 아래로 시혜를 베푸는 것이 아니라 같은 자리에서 함께 아파하는 것입니다.

긍휼의 성경적 정의

따라서 히브리어 원어의 의미와 현대적 통찰을 종합하여 긍휼을 **'불쌍함을 느끼고, 함께하는 것'**이라고 정의할 수 있습니다. 이 정의에서 중요한 것은 두 가지입니다.

- **불쌍함을 느끼는 것**(감정적 차원) : 히브리어 '라함'의 깊은 애정
- **함께하는 것**(행동적 차원) : 실제로 그 사람 곁으로 가는 것

진정한 긍휼은 마음과 행동이 모두 있어야 합니다. 이것이 성경이 말하는 '라함'의 완전한 의미입니다.

---

2) 헨리 나우웬 & 도널드 맥닐 & 더글러스 모리슨, 《긍휼: 하나님과 만나는 길, 낮은 자들과 함께하는 길》, (IVP, 2015), p.53.

긍휼은 생명으로 하나 된 관계에서

배 속의 아기는 모태에서 어머니와 탯줄로 연결되어 있습니다. 어머니가 먹는 음식의 영양분이 그대로 아기에게 전달되고, 어머니의 피가 아기의 생명을 유지하게 합니다. 어머니가 스트레스를 받으면 아기도 영향을 받고, 어머니가 기쁨을 느끼면 아기도 함께 평안해집니다.

이것은 단순한 동거가 아닙니다. 두 생명이 하나로 연결된 상태입니다. 아기는 어머니 없이는 단 한 순간도 살 수 없고, 어머니는 아기의 움직임 하나하나를 자신의 몸으로 느낍니다. 서로에게 완전히 열려있고, 완전히 의존하며, 완전히 하나가 된 관계입니다.

어머니와 태중의 아기처럼 생명으로 깊이 연결된 관계가 긍휼의 핵심입니다. 멀리서 안타깝게 바라보는 관찰자의 시선이 아니라 그 사람의 아픔이 나의 아픔이 되고, 그 사람의 기쁨이 나의 기쁨이 되는 것입니다.

구속사 속에 나타난 하나님의 긍휼

하나님의 긍휼은 이론이 아닙니다. 하나님께서 실제로 우리에게 다가오셨기 때문입니다. 구속사적으로 보면, 하나님은 계속해서 거리를 좁혀 오셨습니다. 창조 때부터 시작해서 언약을 통해, 성막과 성전을 통해, 그리고 마침내 예수 그리스도를 통해 우리와 완전히 하나가 되셨습니다.

• 창조 시

하나님이 인간과 가까이 계셨습니다.

"하나님이 지으신 그 모든 것을 보시니 보시기에 심히 좋았더라"(창 1:31).

- **타락 후**

죄를 지은 인간을 여전히 돌보셨습니다.

"여호와 하나님이 아담과 그의 아내를 위하여 가죽옷을 지어 입히시니라"(창 3:21).

- **언약을 통해**

아브라함, 이삭, 야곱과 언약을 맺으시며 "나는 너의 하나님이 되겠다"라고 약속하셨습니다.

- **성막과 성전을 통해**

"내가 이스라엘 자손 중에 거하여 그들의 하나님이 되리니"(출 29:45).

이 모든 것이 무엇을 보여줍니까? 하나님은 우리를 불쌍히 여기시고, 우리와 함께하기 위해 끊임없이 다가오셨다는 것입니다. 구약의 모든 긍휼은 '한 분'을 가리킵니다. 바로 임마누엘(하나님이 우리와 함께 계심)로 오실 예수 그리스도입니다.

> 보라 처녀가 잉태하여 아들을 낳을 것이요 그의 이름은 임마누엘이라 하리라 하셨으니 이를 번역한즉 하나님이 우리와 함께 계시다 함이라 마 1:23

예수님이야말로 하나님의 긍휼이 완전히 나타난 분입니다. 하나님께서 우리를 불쌍히 여기셔서 독생자를 보내시고, 그분이 우리와 함께하시기 위해 사람이 되셨습니다. 임마누엘은 긍휼의 최종 형태입니다. 하늘에서 연민만 표하신 것이 아니라 우리 가운데로 오셔서(요 1:14) 십자가로 공의를 이루시고, 성령으로 우리 안에 거하심으로(겔 36:26,27) 라하밈의 사랑을 오늘의 삶 속에 지속적으로 흘려보내십니다.

긍휼을 경험하는 과정

하나님은 본질적으로 긍휼하신 분입니다. 긍휼은 하나님의 한 가지 속성이 아니라, 하나님이 누구신지를 설명하는 핵심적인 특성입니다. 하나님은 우리를 불쌍히 여기고 우리와 함께하시는 분입니다.

하나님의 긍휼은 우리에게 두 가지를 가르쳐줍니다. 첫째, 과거의 잘못을 더 이상 문제 삼지 않는 것이고, 둘째, 다시 시작할 길을 열어주는 것입니다. 이것이 바로 복음의 핵심입니다(사 55:6,7). 그러므로 복음은 '정죄로 끝나는 이야기'가 아니라 '귀환과 동행으로 이어지는 이야기'입니다.

저는 오랫동안 이 진리를 머리로는 알고 있었지만 제 삶이 가장 어두웠던 순간들, 술에 취해 길거리에 쓰러져 있을 때, 사람들이 저를 피해 다닐 때는 이 긍휼이 정말 나를 위한 것인지 의심했습니다. '임마누엘'이라는 이름이 '하나님이 우리와 함께 계신다'라는 뜻인 것은 알았지만 제 현실은 너무나 비참했고 하나님은 너무 멀게만 느껴졌습니다.

그런 제가 어떻게 하나님의 긍휼을 경험하게 되었고, 어떻게 임마누엘이 신학적 개념이 아니라 살아있는 현실이 되었는지 제 경험을 나누고 싶습니다. 지금 이 글을 읽고 있는 당신도 저와 같은 고민을 하고 있을지 모르기 때문입니다. 긍휼을 경험하는 것은 단번에 이루어지는 것이 아니라 과정입니다. 그런 의미에서 긍휼의 경험을 3단계로 나누어보려고 합니다.

1단계 : 나의 연약함을 인정하기

하나님의 긍휼을 경험하려면 먼저 자신의 모습을 정직하게 봐야 합니다. 우리는 모두 죄인입니다. 상한 재료 하나가 그 음식 전체를 망친 것처럼 마음 깊은 곳에 있는 죄가 우리 전체를 망가뜨렸습니다.

자신이 죄인인 것과 연약하다는 것을 인정하기는 쉽지 않습니다. 우리는 자연스럽게 자신을 합리화하고 다른 사람과 비교하며 위안을 얻으려 합니다. 자신을 보호하려 하고, 다른 사람들 앞에서 약한 모습을 보이기 싫어합니다. 하지만 긍휼을 경험하려면 이러한 자기방어를 내려놓아야 합니다.

정직하게 "나는 도움이 필요한 사람입니다. 나는 불완전한 사람입니다. 나는 하나님의 사랑 없이는 살 수 없는 사람입니다"라고 고백할 때, 하나님의 긍휼이 마음에 스며들기 시작하고 진정한 치유가 시작됩니다.

2단계 : 하나님의 사랑을 믿기

자신의 연약함을 인정했다고 해서 절망할 필요는 없습니다. 오히려 이때야말로 하나님의 놀라운 사랑을 경험할 수 있는 시작점입니다.

내가 너를 내 손바닥에 새겼고 너의 성벽이 항상 내 앞에 있나니 사 49:16

이 말씀처럼, 하나님은 우리를 절대 잊지 않으십니다. 하나님의 사랑을 믿어야 합니다. 내가 아무리 부족하고 실수투성이라 해도 하나님은 나를 포기하지 않으신다는 것을 믿어야 합니다.

하나님의 긍휼을 경험한 사람은 자연스럽게 다른 사람에게도 긍휼을 베풀며 긍휼이 흘러나가는 삶을 살게 됩니다.

너희 아버지의 자비로우심같이 너희도 자비로운 자가 되라 눅 6:36

이것은 무리한 요구가 아닙니다. 억지로 해야 하는 것이 아니라, 받은 사랑이 넘쳐흘러 나가는 것입니다. 먼저 받은 사랑이 있기에 이제 우리에게도 줄 수 있는 사랑이 생긴 것입니다.

제가 경험한 홍 목사님의 긍휼(2장)도 마찬가지였습니다. 목사님이 저를 껴안고 함께 울어줄 수 있었던 것은 그가 먼저 하나님의 긍휼을 깊이 경험했기 때문입니다.

긍휼이 복음의 핵심인 이유

복음은 하나님의 긍휼이 구체적으로 움직인 이야기입니다. 하나님께서 우리를 불쌍히 여기셨고(라하밈의 마음), 곁으로 오셨으며(성육신), 우리를 위해 죽으셨고(십자가), 우리 안에 거하십니다(성령의 내주). 그래서 복음은 감정의 위로를 넘어 현실의 회복을 낳습니다.

정죄는 사람을 멀어지게 하고 긍휼이 빠진 종교는 율법주의, 형식주의와 냉담함으로 흘러가기 쉽습니다. 그러나 긍휼은 곁으로 이끌기에 긍휼이 있는 신앙은 은혜 중심의 자유, 관계 중심의 만남, 따뜻한 공동체를 만들어 갑니다.

만약 긍휼을 빼고 종교만 남는다면 어떻게 될까요? 이것은 단순한 가정이 아닙니다. 실제로 역사 속에서, 오늘날에도 우리 주변에서 자주 목격할 수 있는 현실입니다.

긍휼이 없는 종교는 먼저 율법주의로 빠집니다. "이것을 하라, 저것을 하지 마라" 하는 명령들만 남고, 사람들은 끊임없는 규칙의 짐에 눌리게 됩니다. 바리새인들처럼 율법은 철저히 지키되 긍휼과 사랑은 잃어버립니다.

그리고 외적인 종교 행위만을 중요시하여 예배 시간에 정확히 참석하는 것, 헌금을 규정대로 내는 것, 종교적 의식을 빠뜨리지 않는 것 등 이런 것들이 신앙의 전부가 되어버립니다. 하지만 "나는 인애를 원하고 제사를 원하지 아니하며 번제보다 하나님을 아는 것을 원하노라"(호 6:6)라는 말씀처럼, 하나님께서 진정 원하시는 것은 우리의 마음이며 하나님과의 진실한 관계입니다.

가장 심각한 것은 긍휼이 없는 종교가 사람들의 마음을 차갑게 만든다는 것입니다. 원칙이 사람보다 우선되고 교리가 사랑보다 중요해집니다. 상처받은 사람들에게 "믿음이 부족해서 그래", "죄가 있으니까 그런 거야"라는 말로 더 큰 상처를 주기도 합니다.

하지만 긍휼이 있는 신앙은 완전히 다릅니다.

• 은혜 중심의 삶

하나님의 사랑이 모든 것의 출발점이 됩니다. 내가 무엇을 해서가 아니라, 하나님께서 먼저 나를 사랑해주셨기 때문에 신앙생활을 할 수 있습니다. 이것은 엄청난 자유를 가져다줍니다. 완벽해야 한다는 부담에서 벗어나 하나님의 은혜 안에서 안식할 수 있기 때문입니다.

• 관계 중심의 신앙

하나님과의 인격적 만남이 무엇보다 중요해집니다. 종교는 규칙의 문제가 아니라 관계의 문제가 됩니다. 하나님을 무서운 심판자로 보는 것이 아니라 나를 사랑하시는 아버지로, 나와 가까이 동행하시는 주님으로 만날 수 있습니다.

• 따뜻한 공동체

긍휼이 있는 신앙은 사람들의 상처와 아픔에 민감해집니다. 누군가를 판단하기보다는 이해하려 하고, 정죄하기보다는 위로하려 합니다. 이런 공동체에서는 연약함이 수치가 아니라 오히려 하나님의 은혜를 경험하는 통로가 됩니다.

❶ 긍휼에 대한 새로운 발견

예전에는 '긍휼'이라는 말을 들으면 어떤 이미지가 떠올랐나요? 히브리어 '라함'이 어머니의 자궁을 의미하는 단어에서 왔고, 탯줄로 연결된 생명의 사랑을 뜻한다는 것을 알고 난 후에는 어떤 느낌이 드나요? 하나님의 사랑에 대한 이해가 어떻게 달라졌습니까?

❷ 어머니의 사랑으로 하나님을 이해하기

하나님은 어머니의 사랑으로 그분의 마음을 비유하십니다. 당신이 경험한 부모의 사랑이나 무조건적 사랑의 기억 중에서 사랑을 가장 깊이 느꼈던 순간은 언제였나요? 그 경험이 하나님의 긍휼을 이해하는 데 어떤 도움을 줍니까?

❸ 동정과 긍휼의 차이 경험하기

누군가 당신에게 단순히 "안됐다, 불쌍하다"라며 동정했던 경험과 진심으로 당신 곁에 와서 함께 아파해주었던 경험을 비교해보세요. 두 경험 사이에는 어떤 차이가 있었나요? 진정한 긍휼을 받았을 때 당신의 마음에는 어떤 변화가 있었습니까?

❹ 연약함을 인정하는 용기

긍휼을 경험하려면 먼저 자신의 연약함을 인정해야 한다고 했습니다. "나는 도움이 필요한 사람입니다"라고 솔직하게 고백하기가 쉬운가요? 자신의 부족함을 드러내기 어려운 이유는 무엇일까요? 그리고 그것을 인정했을 때 어떤 일들이 일어났나요?

❺ 종교와 긍휼의 차이

'해야 한다'라는 종교적 의무감과 '사랑받고 있다'라는 긍휼의 확신 사이에는 큰 차이가 있습니다. 당신의 인생이나 신앙생활에서 차가운 의무감에 짓눌렸던 때와 따뜻한 사랑으로 감싸였던 때를 비교해보세요. 긍휼이 있는 관계와 없는 관계는 어떻게 다른가요?

chapter 4 ——

삼위일체 하나님의 마음

한 분이지만 세 분이신 하나님

성경에 하나님이 아버지로도 나오고, 예수님으로도 나오고, 성령님으로도 나옵니다. 혹시 이것이 헷갈리시나요? '하나님이 한 분인가, 세 분인가?' 라는 의문을 품어본 적이 있을 것입니다. 이것은 기독교를 처음 접하는 사람뿐 아니라 오랫동안 신앙생활을 한 사람도 때때로 궁금해하는 부분입니다.

기독교의 하나님은 삼위일체 하나님이십니다. 이것은 성경이 일관되게 증거하는 하나님의 모습입니다. 성경은 분명히 하나님이 한 분이시라고 말씀합니다. 구약의 가장 중요한 신앙고백인 신명기 6장 4절은 "이스라엘아 들으라 우리 하나님 여호와는 오직 유일한 여호와이시니"라고 선언합니다.

동시에 성경은 아버지도 하나님이시고(엡 4:6), 예수님도 하나님이시며(요 1:1), 성령님도 하나님이시라고 말씀합니다(행 5:3,4). 그렇다면 하나님이 세 분이신 걸까요? 아닙니다. 하나님은 한 분이시고, 그 한 분 하나님 안에 아버지와 아들과 성령이라는 세 위격(位格)이 계십니다.

이것은 인간의 이성으로는 완전히 이해하기 어려운 신비입니다. 하지만 성경이 그렇게 증거하기 때문에 우리는 믿음으로 받아들입니다. 하나님은 우리 인간보다 훨씬 크신 분이기 때문에 우리가 다 이해할 수 없는 면이 있는 것은 당연합니다.

중요한 것은 이 세 위격의 하나님이 각각 어떤 방식으로 우리에게 긍휼을 베푸시느냐는 것입니다. 성부와 성자와 성령은 서로 다른 역할을 하시지만, 모두 동일한 사랑과 긍휼로 우리를 돌보십니다.

성부 하나님의 긍휼 : 보내시는 사랑
성부 하나님의 긍휼을 한마디로 표현하면 '보내시는 사랑'입니다.

하나님이 세상을 이처럼 사랑하사 독생자를 주셨으니 이는 그를 믿는 자마다 멸망하지 않고 영생을 얻게 하려 하심이라 요 3:16

여기서 "하나님이 주셨다"라는 말이 얼마나 놀라운지 아십니까? 아버지 하나님은 우리를 불쌍히 여기셔서 가장 소중한 분, 바로 독생자 예수님을 우리에게 보내주셨습니다.

이것이 얼마나 놀라운 사랑인지 이해하기 위해 잠시 상상해보세요. 만약 당신에게 하나뿐인 소중한 아들이 있는데 원수 같은 사람들을 구하기 위해 그 아들을 보내야 한다면 어떻겠습니까? 부모라면 "안 됩니다. 차라리 내가 가겠습니다. 내 아들은 보낼 수 없습니다"라고 말할 것입니다. 이것이 부모의 자연스러운 마음입니다.

그런데 하나님 아버지는 우리를 위해 독생자를 보내주셨습니다. 그것도 우리가 하나님을 사랑할 때가 아니라 우리가 아직 죄인이었을 때, 심지어 하나님의 원수가 되었을 때 보내주셨습니다.

성부 하나님의 긍휼은 이처럼 일방적이고 무조건적입니다. 우리의 조건이나 자격을 보고 사랑하시는 것이 아닙니다. 우리가 착해서도, 똑똑해서도, 잘생겨서도 아닙니다. 우리가 불쌍해서입니다. 죄로 인해 하나님과 멀어져 고통받는 우리 모습을 보고 견딜 수 없어서 먼저 사랑해주셨습니다.

부모가 갓난아기를 사랑하는 이유를 생각해보세요. 아기가 무슨 조건을 갖춰서 사랑하는 게 아닙니다. 아기가 부모를 위해 무엇을 해줘서도 아닙니다. 내 아이이기 때문에, 연약하고 도움이 필요하기 때문에 사랑합니다.

하나님 아버지의 사랑이 바로 그렇습니다. 우리가 무엇을 했기 때문이 아니라 그저 우리가 하나님의 자녀이고, 연약하고 도움이 필요한 존재이기 때문에 사랑하시는 것입니다.

성자 예수님의 긍휼 : 함께하시는 사랑

성자 예수님의 긍휼은 '함께하시는 사랑'입니다. 성자 하나님이신 예수님은 실제로 우리와 같은 인간의 몸을 입고 이 땅에 오셔서 우리와 함께 사셨습니다. 예수님의 이름 중 하나인 '임마누엘'은 '하나님이 우리와 함께 계신다'라는 뜻입니다. 하나님이 정말로 우리와 함께하고 싶으신 게 아니라면, 굳이 그 이름이 '함께 계심'이겠습니까? 하나님이 우리와 얼마나 함께하고 싶으셨으면 직접 사람이 되어 이 땅에 오셨을까요?

이것은 정말 놀라운 일입니다. 창조주이신 하나님이 피조물인 인간이 되셨다는 것입니다. 이것을 신학적으로는 '성육신'이라고 하는데, 말 그대로 하나님이 사람의 몸을 입으신 사건입니다.

예수님이 어떻게 우리와 함께하셨는지 구체적으로 살펴보겠습니다.

첫째, 예수님은 우리의 연약함을 경험하셨습니다.

예수님은 성령으로 잉태되셨지만, 한 여인의 몸에서 태어나셨습니다. 그것도 왕궁이 아닌 마구간이라는 가장 초라한 곳에서 말입니다. 어린 시절을 보내신 방식은 더 놀랍습니다. 헤롯 왕의 박해를 피해 2년 동안 애굽에서 피난민으로 지내셨습니다. 아이의 정서 발달에 가장 중요한 시기인 0세부터 2세까지를 가장 불안정한 피난민의 삶으로 보내신 것입니다.

둘째, 예수님은 평범한 서민의 삶을 사셨습니다.

예수님은 가난한 사람들이 모여 사는 나사렛이라는 작은 시골 마을에서 자라셨고, 30세까지 평범한 목수로 일하시며 생계를 꾸려나가셨습니다. 공생애 기간에도 마찬가지였습니다. "여우도 굴이 있고 공중의 새도 집이 있으되 인자는 머리 둘 곳이 없도다"(눅 9:58)라고 말씀하실 정도로 가난하게 사셨습니다. 매일 잠자리를 걱정해야 하는 삶을 사신 것입니다.

셋째, 예수님은 우리의 감정을 함께 느끼셨습니다.

예수님은 고통받는 사람들을 보고 마음 깊이 아파하셨고, 실제로 그들 곁으로 가서 함께하셨습니다. 슬퍼하는 사람들과 함께 우셨고, 기뻐하는 사람들과 함께 기뻐하셨습니다. 나사로가 죽었을 때는 함께 눈물을 흘리셨고, 병든 사람들을 보시면 불쌍히 여기셨다고 성경은 기록하고 있습니다.

예수님의 '불쌍히 여기심'이 바로 긍휼입니다. 여기서 중요한 것은 예수님이 우리의 문제를 해결해주시기 전에 먼저 우리와 함께하셨다는 점입니다. 많은 사람이 하나님께 기도할 때 "문제를 해결해주세요"에서 시작합니다.

물론 하나님이 우리의 문제를 해결해주시기도 합니다. 하지만 그보다 더 중요한 것은 하나님이 우리와 함께하신다는 사실입니다.

성경은 "우리에게 있는 대제사장은 우리의 연약함을 동정하지 못하실 이가 아니요 모든 일에 우리와 똑같이 시험을 받으신 이로되 죄는 없으시니라"(히 4:15)라고 말씀합니다. 예수님은 우리가 겪는 모든 어려움을 이미 경험해보셨기에 우리가 힘들 때 "그 마음을 이해한다"라고 진심으로 말씀하실 수 있습니다. 이것이 바로 인격적인 만남입니다.

성령님의 긍휼 : 영원히 함께하시는 사랑

그런데 한 가지 문제가 생깁니다. 예수님이 십자가에서 죽으시고 부활하신 후 하늘로 승천하셨습니다. 그러면 예수님은 우리를 혼자 두고 가신 걸까요? 절대 아닙니다. 예수님이 승천하신 이유가 바로 성령님을 보내주시기 위해서였습니다. 예수님은 "내가 아버지께 구하겠으니 그가 또 다른 보혜사를 너희에게 주사 영원토록 너희와 함께 있게 하리니 그는 진리의 영이라"(요 14:16,17)라고 약속하셨습니다.

여기서 "보혜사"라는 말이 중요합니다. 이것은 헬라어로 '파라클레토스'인데 '곁에 서 있도록 부름을 받은 이'라는 뜻입니다. 다시 말해, 우리 곁에 있으면서 우리가 어려운 일을 당할 때 함께 서서 도와주시는 분이라는 의미입니다. 영어성경에서는 성령님을 'Counselor'(상담자), 'Comforter'(위로자), 'Helper'(조력자)라고 표현합니다. 모두 우리와 함께하며 도와주신다는 의미입니다.

이와 같이 성령도 우리의 연약함을 도우시나니 우리는 마땅히 기도할 바이 말씀이 얼마나 감동적인지 아시나요? 우리가 너무 힘들어서 기도할 말도 찾지 못할 때 성령님이 대신 기도해주신다는 것입니다. 그것도 "말할 수 없는 탄식으로" 기도해주신다고 합니다. 이것은 성령님이 우리의 고통을 우리보다 더 깊이 이해하신다는 뜻입니다. 우리가 표현하지 못하는 마음의 깊은 상처와 아픔까지도 아시고, 그것을 하나님 아버지께 간절히 아뢰어주신다는 것입니다.

성령님의 긍휼을 한마디로 표현하면 '영원히 함께하시는 사랑'입니다. 예수님은 육신을 입고 계셨기 때문에 한 번에 한 곳에만 계실 수 있었습니다. 예루살렘에 계실 때는 갈릴리에 계실 수 없었고, 베다니에 계실 때는 나사렛에 계실 수 없었습니다. 하지만 성령님은 모든 믿는 사람들 안에 동시에 거하실 수 있습니다. 서울에 있는 사람 안에도, 부산에 있는 사람 안에도, 미국에 있는 사람 안에도 동시에 계실 수 있습니다.

더 놀라운 것은 성령님이 오신 목적입니다. 예수님은 33년의 지상 생활을 마치고 하늘로 가셨지만, 성령님은 영원토록 우리와 함께하기 위해 오셨습니다. 우리가 이 땅을 떠나는 그 순간까지, 아니 그 이후 영원까지 함께하시겠다는 약속입니다.

삼위일체 긍휼의 완전한 조화

이렇게 보니 얼마나 놀라운가요? 성부 하나님은 우리를 불쌍히 여기서서 독생자를 보내주셨고, 성자 예수님은 우리를 불쌍히 여기셔서 직접 사람이 되어 우리와 함께 사셨고, 성령님은 우리를 불쌍히 여기셔서 지금도 우리 안에 거하며 영원히 함께하십니다.

삼위일체 하나님은 각각 다른 방식으로, 하지만 완벽하게 조화를 이루며 우리에게 긍휼을 베푸십니다. 마치 아름다운 삼중주와 같습니다. 각각의 목소리는 다르지만 하나의 아름다운 하모니를 만들어냅니다. 성부의 '보내시는 사랑', 성자의 '함께하시는 사랑', 성령의 '영원히 함께하시는 사랑'이 하나로 어우러져 우리를 감싸 안고 있습니다.

2005년 8월, 저는 캐나다에서 유학생으로 많은 어려움을 겪고 있었습니다. 교통사고 후유증으로 매일 아침 헛구역질을 했고, 재정은 거의 바닥난 상태였습니다. 8개월 동안 계속된 몸의 고통으로 신경도 날카로워졌고, 아내도 지쳐가고 있었습니다.

그때 성경 3독을 하면 좋은 일이 생길 거라는 생각이 들어서 열심히 성경을 읽었습니다. 솔직히 말씀드리면, 3독을 마치면 영안이 열리고 천사들이 나팔을 불며 축하해줄 것이라고 기대했습니다. 건강 문제와 재정 문제도 풀리기를 바랐습니다. 그런데 3독을 마쳐도 아무런 일이 일어나지 않았습니다. 몸은 여전히 아팠고 재정 상황도 나아지지 않았습니다. 정말 당황스럽고 실망스러웠습니다.

"하나님, 제가 이렇게 열심히 말씀을 읽었는데 왜 아무것도 해주지 않으시는 거예요?"

바로 그때, 하나님께서 제게 놀라운 깨달음을 주셨습니다. 다니엘서 3장에 나오는 사드락, 메삭, 아벳느고의 이야기가 떠올랐습니다. 그들이 뜨거운 풀무 불 속에 던져졌을 때, 왕이 보니 불 속에 세 사람이 아니라 네 사람이 있었습니다. 그리고 "그 넷째의 모양은 신들의 아들과 같도다"(단 3:25)라고 했습니다.

그 순간 제 마음에 '아, 고통 중에 있는 나도 혼자가 아니라 하나님이 함께하시므로 둘이구나!'라는 깨달음이 오면서 가슴이 뜨거워지고 한없는 감사가 넘쳤습니다. 신기하게도, 문제가 해결되지 않았는데 마음이 평안해졌습니다. 하나님이 함께하신다는 것을 아는 것만으로도 충분했습니다.

이것이 바로 삼위일체 하나님의 긍휼입니다. 문제를 즉시 해결해주시지는 않을 수도 있지만, 반드시 우리와 함께하신다는 것입니다.

안타깝게도 많은 사람이 하나님을 오해합니다. 이것은 2천 년 전에도 마찬가지였습니다. 이스라엘 백성은 로마의 압제에서 해방해줄 정치적 힘을 가진 메시아를 기대했습니다. 그들이 원한 것은 로마 군대를 물리치고 이스라엘을 독립 국가로 만들어줄 강력한 지도자였습니다.

예수님은 그들이 생각한 메시아의 모습이 아니었습니다. 그분은 정치적 혁명을 일으키지도, 로마 군대를 물리치지도 않으셨습니다. 대신 "원수를 사랑하라", "오른편 뺨을 치면 왼편도 돌려대라"라고 말씀하셨습니다. 그래서 사람들은 예수님에게 분노했고, 결국 로마군에 넘겨 십자가에 못 박아 죽게 했습니다. 제자들마저도 예수님을 떠나버렸습니다.

오늘날도 마찬가지입니다. 사람들은 하나님이 자신의 문제를 즉시 해결해주시기를 기대합니다. 재정적 어려움을 풀어주고, 연애와 결혼 문제를 해결해주며, 병을 고쳐 건강하게 해주고, 자녀 교육과 진로 문제에 답을 주기를 바랍니다. 그리고 이런 것들이 빨리 해결되지 않으면 화를 내고, "하나님이 내 기도를 안 들어주서", "하나님이 나를 사랑하지 않으신다"라고 결론 내리면서 하나님을 떠나버립니다.

이것은 하나님에 대한 오해입니다. 하나님이 우리의 문제를 해결해주시지 않는 것이 아닙니다. 다만 하나님의 방식과 시간이 우리의 생각과 다를 뿐입니다.

놀라운 것은 예수님의 반응입니다. 예수님은 자기를 십자가에 넘긴 자들과 자신을 떠난 제자들을 모두 용서해주셨습니다. 십자가에서 "아버지 저들을 사하여 주옵소서 자기들이 하는 것을 알지 못함이니이다"(눅 23:34)라고 기도하셨고, 부활 후에는 자신을 버리고 도망간 제자들을 다시 찾아가 위로해주셨습니다.

지금도 마찬가지입니다. 하나님은 주님을 오해하고 떠난 사람들을 여전히 사랑하시고, 언제든지 돌아오기를 기다리고 계십니다. 오늘도 이 말씀으로 우리를 초청하고 계십니다.

> 너희는 여호와를 만날 만한 때에 찾으라 가까이 계실 때에 그를 부르라 악인은 그의 길을, 불의한 자는 그의 생각을 버리고 여호와께로 돌아오라 그리하면 그가 긍휼히 여기시리라 우리 하나님께로 돌아오라 그가 너그럽게 용서하시리라 이는 내 생각이 너희의 생각과 다르며 내 길은 너희의 길과 다름이니라 여호와의 말씀이니라 이는 하늘이 땅보다 높음같이 내 길은 너희의 길보다 높으며 내 생각은 너희의 생각보다 높음이니라
>
> 사 55:6-9

"하나님의 생각과 길이 우리와 다르다"라는 말씀을 들으면 어떤 기분이 드나요? 혹시 실망스럽게 느껴지시나요? 그런데 이것은 오히려 희망적인 말씀입니다. 우리의 제한적이고 근시안적인 생각보다 훨씬 더 크고 좋은 계획

을 갖고 계신다는 뜻이기 때문입니다. 부모가 아이보다 더 멀리 내다보고 더 좋은 계획을 세우는 것처럼, 하나님은 우리보다 훨씬 더 큰 그림을 보고 계십니다.

하나님은 "돌아오라"라고 말씀하십니다. 이것은 명령이 아니라 간절한 초청입니다. 마치 집을 나간 자녀를 기다리는 부모의 마음과 같습니다. 화가 나서 집을 나간 아이가 언젠가는 돌아올 것을 알고, 문을 열어두고 기다리는 부모의 심정 말입니다.

하나님은 우리가 언제 돌아와도 따뜻하게 맞아주실 준비가 되어 있습니다. 그것이 바로 성부, 성자, 성령 삼위일체 하나님의 긍휼입니다.

절대 떠나지 않으시는 사랑

삼위일체 하나님은 긍휼의 하나님이십니다. 우리를 불쌍히 여기고 함께 해주십니다. 성부 하나님은 독생자를 보내시는 긍휼로, 성자 예수님은 직접 함께하시는 긍휼로, 성령님은 영원히 함께하시는 긍휼로, 이렇듯 방식은 각각 다르지만 완벽한 하나로 우리를 사랑하십니다.

세상 사람들은 우리를 외면할 수 있습니다. 친구들도 때로는 우리를 떠날 수 있고, 가족들도 때로는 우리를 부담스러워할 수도 있습니다. 하지만 삼위일체 하나님만은 절대로 우리를 버리지 않으십니다. 끝까지, 영원까지 우리와 함께하십니다. 이 약속을 기억하세요.

… 내가 결코 너희를 버리지 아니하고 너희를 떠나지 아니하리라 히 13:5

- **하나님이 우리를 찾아오셨다**
- **하나님이 우리와 함께하신다**
- **하나님이 영원히 우리를 떠나지 않으신다**

이것이 바로 기독교가 전하는 복음의 핵심입니다. 기독교 신앙의 독특함은 성육신(Incarnation)에 있습니다. 하나님이 직접 인간이 되어 예수 그리스도로 우리에게 오셨습니다.

많은 종교가 인간의 노력과 수행을 통해 더 높은 경지에 이를 수 있다고 말하지만, 기독교는 하나님이 먼저 우리에게 다가오셔서 일방적으로 베푸신 긍휼로 구원받는다고 말합니다. 우리의 노력이나 자격 때문이 아니라 오직 하나님의 은혜 때문입니다. 이 은혜는 절대로 변하지 않는 하나님의 약속 위에 서 있습니다.

성부 하나님의 보내시는 사랑, 성자 예수님의 함께하시는 사랑, 성령님의 영원히 함께하시는 사랑이 당신을 감싸 안을 것입니다. 삼위일체 하나님만이 우리의 유일한 소망입니다.

❶ 삼위일체 하나님의 이해

성부, 성자, 성령 하나님이 어떻게 각각 다른 방식으로 나에게 긍휼을 베푸시는지 이해할 수 있나요? 한 분 하나님께서 세 위격으로 베푸시는 사랑 중에서 지금 가장 필요하다고 느끼는 사랑은 무엇인가요?

❷ 기대와 현실의 차이

하나님께 바라는 것과 하나님이 실제로 하시는 일이 다를 때 어떻게 반응하나요? 하나님을 오해하고 떠나려고 한 적은 없나요? 그때의 마음은 어땠나요?

❸ 함께하심의 의미

문제가 해결되지 않았지만 하나님이 함께하신다는 것을 깨달은 경험이 있나요? 문제 해결과 함께하심 중에서 어떤 것이 더 중요하다고 생각하나요?

④ **영원한 동반자**

아무도 나를 이해해주지 않고 혼자라고 느꼈던 때가 있나요? 그럴 때 "절대로 떠나지 않겠다"라는 하나님의 약속이 어떤 위로가 될 수 있을까요?

⑤ **돌아오라는 초청**

"하나님의 생각이 내 생각보다 높다"라는 말씀을 들을 때 어떤 느낌이 드나요? 실망스러운가요, 아니면 희망적으로 느꼈나요? 하나님께 돌아가는 데 가장 큰 걸림돌은 무엇인가요?

chapter 5

영원히 내 곁을 지키신다는 약속

사람의 한계 vs 무한하신 하나님

앞 장에서 하나님의 긍휼과 삼위일체 하나님이 우리에게 긍휼을 베푸시는 방식을 살펴보았습니다. 여기서 한 가지 중요한 질문이 남습니다.

"하나님의 긍휼은 영원할까요?"

이 질문이 중요한 것은 우리가 경험하는 사람들의 사랑에는 한계가 있기 때문입니다. 처음에는 진심으로 도와주던 사람들도 시간이 지나고 어려움이 계속되면 조금씩 달라집니다. "언제든지 연락해"라던 사람들이 점점 연락을 피하기 시작하고, "또 무슨 일이야?"라는 한숨 섞인 반응을 보이기도 합니다.

사람들이 나빠서가 아닙니다. 그들도 자신의 삶이 있고 자신의 문제가 있기 때문입니다. 아무리 사랑해도 지속적인 어려움 앞에서는 지치고 힘들어하는 것이 사람의 본성입니다. 이것은 정죄할 일이 아닙니다.

우리는 가족에게도, 가장 가까운 친구들에게도 부담스러운 존재가 될 수 있습니다. '저 사람 때문에 또 골치 아프겠네'라는 시선이 느껴지고, 연락하기도 민망하고, 만나기도 어색해집니다. 이것이 바로 인간의 한계입니다.

하지만 하나님의 긍휼은 다릅니다. 하나님은 결코 지치지 않고 떠나지도 않으십니다. 사람들이 우리를 피하고 싶어 할 때도 하나님은 우리를 더 가까이 끌어안으십니다. 사람들이 "또야?"라고 한숨을 쉴 때도 하나님은 "내 사랑하는 자녀야, 내게 와서 쉬어라"라고 말씀하십니다. 이사야서 49장 13절은 이렇게 선언합니다.

하나님은 고난당한 자를 긍휼히 여기십니다. 사람들이 우리를 부담스러운 존재로 여기고 피할 때도 하나님은 우리를 긍휼히 여기며 위로해주십니다. 예수님을 믿는 자들이 오늘도 힘차게 살아갈 수 있는 것은 세상 사람들에게는 부담스러운 존재가 될지언정 하나님께는 언제나 사랑받는 자녀이기 때문입니다. 이 확신이 있기에 사람들의 차가운 시선에 굴복하지 않고 오늘도 새 힘을 얻어 살아갈 수 있습니다.

사람에게는 한계가 있지만, 하나님의 사랑에는 한계가 없습니다. 이것이 바로 우리가 오늘도 힘차게 일어설 수 있는 영원한 소망의 근거입니다.

우리 인생의 끝은 주님과의 만남이다

'이미 그러나 아직'(Already but not yet)이라는 중요한 신학적 개념이 있습니다. 하나님의 나라는 이미 예수님을 통해 시작되었지만, 아직 완전히 이루어지지 않았다는 의미입니다.

전쟁에서 결정적인 승리가 이루어졌지만, 아직 완전한 평화가 오지 않았을 수 있습니다. 승리는 확정되었지만(이미), 전쟁이 완전히 끝나지는 않은 상태(아직)입니다. 그렇듯, 예수님의 십자가와 부활로 하나님의 나라가 시작되었지만(이미), 예수님이 다시 오실 때 완전히 완성될 것입니다(아직).

우리가 경험하는 하나님의 긍휼도 마찬가지입니다. 이미 예수님을 통해 하나님의 완전한 사랑과 긍휼을 경험하고 있지만, 아직 완전히 드러나지 않은 영광스러운 미래가 우리를 기다리고 있습니다. 이것이 바로 영원한 소망입니다. 지금 우리가 경험하는 하나님의 긍휼은 단순히 현재만의 것이 아니라 영원까지 계속될 것이라는 확신입니다.

신학생 시절, 대학 교정에 아름다운 산책로가 있었습니다. 그 좁은 길을 걸으며 기도할 때마다 하나님과 깊은 교제를 경험할 수 있었습니다. 그 길은 마치 예수님이 말씀하신 '좁은 길'을 연상시켰습니다. 세상 사람들이 가지 않는, 그러나 생명으로 인도하는 그 길 말입니다.

어느 날 찬양하며 그 산책로를 걷고 있는데, 갑자기 '이 좁은 길의 끝은 무엇인가? 내 인생의 끝은 무엇일까?'라는 질문이 떠올랐습니다. 그 생각을 하며 걷다가 마침내 산책로의 끝에 서게 되었습니다. 그 끝을 지나는 순간, 어디선가 찬양이 흘러나왔습니다.

"보라 주님 구름 타시고 나팔 불 때에 다시 오시네

모두 외치세 이는 은혜의 해니 시온에서 구원이 임하네"

(저는 이 사건이 절대 우연이라고 생각하지 않습니다. 하나님은 기독교 라디오 방송을 통해서도 제게 말씀하신다는 것을 확신합니다.)

그렇습니다! 제 인생의 끝은 저의 주인이며 모든 것 되시는 예수님을 만나는 것입니다. 그리고 그분은 제 모든 눈물을 닦아주시며 영원토록 함께하실 것입니다. 그때 성령께서 이 말씀을 기억나게 하셨습니다.

이 말씀을 통해, 은혜의 자리에 들어와 있다는 것과 환난을 당하더라도
즐거워하는 것, 하나님께서 성령님을 통해 우리 마음에 부어주신 그 사랑이
얼마나 크고 감사한지를 깨달았습니다. 그리고 가장 큰 소망인 예수 그리
스도의 다시 오심을 기다리며 하나님의 영광을 소망하고 즐거워하는 것이
성도의 모습임을 깨달았습니다.

부활 소망

A국 선교여행 중에 선교사님이 세운 대학교에서 예배를 드렸습니다. 놀
랍게도 그 학교 안에는 화장터가 있는데, 바로 그곳에서 주일예배를 드리게
되었습니다. 화장터! 죽음이 있고, 눈물과 애통과 탄식과 슬픔이 있는 곳이
전혀 다른 장소로 사용되는 것에 적잖은 충격을 받았습니다.

화장터 안에서 감격스러운 예배를 드리던 중에 하나님의 은혜로 한 가지
중요한 사실을 깨닫게 되었습니다. 화장터가 예배당으로 바뀐 것처럼, 예수
님을 믿는 자들의 끝은 고통스러운 죽음과 애통함으로 끝나는 것이 아니라
영원한 기쁨의 삶이 기다리고 있다는 것입니다! 관이 들어가던 자리에 설교

단이 세워졌습니다. 절망의 자리가 기쁨의 자리로 변화되었습니다. 이것이 바로 부활의 소망입니다.

1997년은 제게 재앙 같은 해였습니다. 3월에는 사랑하는 동생을 교통사고로 잃었고, 그해에 사랑하는 외할아버지도 하늘나라로 가셨습니다. '동생도 잃고 할아버지도 잃고, 사랑하는 사람들이 다 떠나는구나! 정말 소망이 없구나!'라고 절망하던 그때, 꿈에 외할아버지의 모습이 나타났습니다.

한 손에는 성경을 들고 너무나 행복하고 생기 넘치는 모습으로 다가와 저를 부르시더니 "현호야! 너는 왜 내가 죽었다고 생각하느냐? 나는 살아 있단다!" 하시고는 웃으며 빛 가운데로 걸어가셨습니다. 이것이 바로 부활의 소망입니다.

형제들아 자는 자들에 관하여는 너희가 알지 못함을 우리가 원하지 아니하노니 이는 소망 없는 다른 이와 같이 슬퍼하지 않게 하려 함이라 우리가 예수께서 죽으셨다가 다시 살아나심을 믿을진대 이와 같이 예수 안에서 자는 자들도 하나님이 그와 함께 데리고 오시리라 우리가 주의 말씀으로 너희에게 이것을 말하노니 주께서 강림하실 때까지 우리 살아남아 있는 자도 자는 자보다 결코 앞서지 못하리라 살전 4:13-15

사도 바울이 데살로니가교회에 편지한 내용과 같이, 죽음은 끝이 아닙니다. 하나님은 예수 안에서 잠든 자들도 다시 오시는 예수님을 따라 일어나게 하실 것입니다. 우리는 소망 없는 이 세상 사람들처럼 슬퍼하지 않습니다. 가장 낮은 곳, 죽음의 자리에서 가장 높은 구원이 이루어지고, 가장 깊은 상처, 죽음의 고통에서 가장 큰 생명이 흘러나오기 때문입니다. 영원히 함께하시는 하나님의 긍휼을 경험한 자는 죽음의 경계선에서 긍휼을 전하는 자, 부활과 천국 복음을 전하는 자로 살아갑니다.

부활 소망이 주는 힘

신학교 시절, 제 마음이 돌처럼 딱딱하게 굳어져 있던 시기의 어느 채플 시간에 갑자기 학장님이 나오시더니 학교에서 학생상담을 담당하던 바바라 맥켄지(Dr. Barbara Mckenzie) 박사님이 하나님의 부르심을 받았다는 슬픈 소식을 전해주셨습니다.

맥켄지 박사님은 제가 가장 힘들던 그 시기에 저와 함께 눈물로 기도하며 저를 도와주신 소중한 분이었습니다. 박사님은 당시 암으로 고생하시면서도, 넉넉한 그리스도의 사랑으로 저를 위로해주셨습니다. 제 이야기를 귀 기울여 들어주고 함께 눈물을 흘려주셨고, 제가 깊은 수렁에서 일어설 때마다 가장 기뻐하며 "너, 하나님의 사람아!"라며 격려해주셨습니다.

그래서인지 제가 많은 위기를 넘기고 나서 가장 먼저 생각난 사람이 바로 맥켄지 박사님이었습니다. 감사의 말을 꼭 전하고 싶었는데, 무엇이 그리 바빴는지 그러지 못했습니다. 그런데 그 무렵 자꾸 그 분의 얼굴이 떠올랐습니다. 아마도 하나님이 주신 사인이었던 것 같습니다. 곧 그 분이 하나님의 품으로 가신다는….

'아, 감사하다는 표현이 그렇게 힘들었던가? 이제는 이 땅에서 영영 할 수 없게 되었구나….'

고맙다는 말을 전하지 못한 것이 속상하고 아쉬워서 그날 채플 시간에 많은 눈물을 흘렸습니다. 다음 날 아침에 눈을 제대로 뜰 수도 없을 정도였습니다. 저를 더욱 눈물짓게 한 것은, 박사님이 돌아가시기 이틀 전에 그 분이 속한 소그룹 성경공부 모임에서 천국에 관하여 30분간 가르치셨다는 것입니다. 정확하고 확신 있게! 얼마나 아름다운 모습인지요!

그 분의 죽음은 제게 많은 질문을 던져주어 저는 그 일을 계기로 저 자신에게 다시 묻기 시작했습니다.

'나는 무엇을 위해 살아가는가? 왜 나는 여러 가지 문제로 고민하며 어려움 가운데 있는가? 무엇이 가장 소중한 것인가?'

우리는 하나님나라를 위해 살아야 합니다. 하늘에 속한 사람이기 때문입니다. 우리의 시민권은 하늘에 있습니다. 그리스도인에게 죽음은 끝이 아니라 시작입니다!

사망아 너의 승리가 어디 있느냐 사망아 네가 쏘는 것이 어디 있느냐 사망이 쏘는 것은 죄요 죄의 권능은 율법이라 우리 주 예수 그리스도로 말미암아 우리에게 승리를 주시는 하나님께 감사하노니 그러므로 내 사랑하는 형제들아 견실하며 흔들리지 말고 항상 주의 일에 더욱 힘쓰는 자들이 되라 이는 너희 수고가 주 안에서 헛되지 않은 줄 앎이라 고전 15:55-58

부활의 소망을 가진 자가 이 땅에서 하는 수고는 절대 헛되지 않습니다. 영원히 함께하시는 하나님이 계시기 때문입니다. 맥켄지 박사님은 그것을 믿었기 때문에 죽음 앞에서도 확신 있게 천국을 가르칠 수 있었고, 암으로 고통받는 몸을 이끌고, 가장 힘들고 외로운 시기를 겪고 있던 저와 함께하며 도와주셨습니다.

그 긍휼은 바로 부활의 소망에서 나왔습니다. 죽음이 끝이 아니라는 확신, 영원히 함께하시는 하나님이 계신다는 믿음이 있었기에, 고통 가운데서도 다른 사람을 불쌍히 여기고 함께할 수 있었던 것입니다.

부활의 소망은 단순히 죽은 후의 천국만을 바라보는 것이 아닙니다. 오히려 지금 이 땅에서 긍휼의 삶을 살아가게 하는 능력입니다. 영원히 함께하시는 하나님이 계시기에, 우리는 견실하며 흔들리지 않고 고통받는 이웃을 불쌍히 여기며 함께할 수 있습니다.

내가 확신하노니 사망이나 생명이나 천사들이나 권세자들이나 현재 일이나 장래 일이나 능력이나 높음이나 깊음이나 다른 어떤 피조물이라도 우리를 우리 주 그리스도 예수 안에 있는 하나님의 사랑에서 끊을 수 없으리라 롬 8:38,39

이것이 바로 영원한 소망입니다. 하나님의 긍휼은 우리의 상황이 나아질 때만 함께하시는 것이 아니라 어떤 상황에서도 함께하시는 영원한 동반자로서의 사랑입니다. 이 모든 경험을 통해 저는 하나님의 긍휼이 일회성이 아니라는 것을 깨달았습니다. 하나님은 우리와 영원히 함께하겠다고 약속하셨습니다. 사망이 와도 끊을 수 없고, 현재의 어려움도 끊을 수 없고, 장래의 불안도 끊을 수 없고, 어떤 피조물도 끊을 수 없는 사랑이 바로 우리가 의지할 수 있는 영원한 동반자이신 하나님의 약속입니다.

하나님은 우리를 고아처럼 버려두지 않으신다

어떤 사람은 자신을 영적 고아로 여깁니다. 하나님이 자신을 버렸고 자기는 혼자라고 생각합니다. 하지만 하나님의 긍휼은 그런 우리에게 "너는 내 아들이요, 내 딸이다"라고 선포하십니다.

A국 단기선교 중에 지적장애 아이들과 탈북자의 자녀들을 만날 기회가 있었습니다. 그날 저녁, 그 아이들이 "감사해요! 깨닫지 못했었는데 내가 얼마나 소중한 존재라는 걸" 하며 〈또 하나의 열매를 바라시며〉라는 노래를 부르고 다 같이 율동하면서 하나님께 예배드리는데 너무 행복하고 아름다워 보였습니다. 그때 하나님의 임재를 강하게 느꼈는데 하나님의 임재를 느끼는 동안 그들은 전혀 고아처럼 보이지 않았습니다.

선교팀의 눈에는 그들이 먹고 입고 마실 것이 부족한, 가난한 '고아들'이었을지 모릅니다. 하지만 하나님의 임재 가운데서 예배드리는 그들을 성령께서 조명하시는 눈으로 바라볼 때 "여호와는 나의 목자시니 내가 부족함이 없으리로다"라는 그들의 신앙을 볼 수 있었습니다.

그날 저녁 모임을 마치고 선교팀이 피드백을 나누는 시간에 몇몇 팀원이 "그들이 고아가 아니라 마치 우리가 고아 같았습니다"라고 말했습니다.

> 내가 아버지께 구하겠으니 그가 또 다른 보혜사를 너희에게 주사 영원토록 너희와 함께 있게 하리니 그는 진리의 영이라 … 내가 너희를 고아와 같이 버려두지 아니하고 너희에게로 오리라 요 14:16-18

성경은 긍휼의 하나님을 만나서 예수님을 영접한 자들은 고아가 아니라고 말씀합니다. 보혜사 성령님이 우리와 함께 계시기 때문입니다. 죽음에서 부활하신 후 하늘 보좌 우편에서 우리를 위해 주야로 중보기도 하시는 예수님이 우리를 고아와 같이 버려두지 아니하고 우리에게 오실 것을 약속해주셨습니다.

그렇다면 누가 고아입니까? 하나님 아버지를 찾지도 구하지도 않는 자들입니다. 예수님이 이 땅에 오셔서 우리의 죄 때문에 십자가를 지고 피 흘리심으로 아버지와 죄인인 우리의 관계가 회복되었다는 사실을 모르거나, 알면서도 끝까지 거부하는 자들입니다. 죽는 그 순간까지도 아버지를 모르고 거부하는 자가 바로 이 시대의 영적 고아입니다.

한국에 수많은 교회가 있는데도 우울증에 걸린 사람과 자살하는 사람이 참 많습니다. 왜 그럴까요? 아마도 그들에게는 견디기 힘든 아픔과 말할 수 없는 고통이 있었을 것입니다. 그리고 자신의 고통과 아픔을 함께 나누며 의지할 대상이 없었기 때문일 것입니다.

하나님 아버지의 마음

가난했던 유학생 시절, 성령께서 50달러밖에 없는 우리 부부에게 그 50달러로 우리보다 더 부유한 사람들을 섬기라고 하신 적이 있습니다. 그 무렵 언어연수 과정에는 서울 출신의 잘사는 유학생이 여럿 있었습니다. 그들을 전도하기 위해 임신한 아내에게 LA갈비를 준비해달라고 말했습니다. 우리 집에 얼마가 있냐고 물어보니 50달러가 전부라고 했습니다.

임신한 아내는 가난한 유학생 남편 때문에 레스토랑 한 번 제대로 가보지 못한 서러움을 표현할 수도 있었지만, 기꺼이 잃어버린 영혼들을 위해 기쁨으로 식사를 준비해주었습니다. 믿지 않는 주변의 유학생들을 초대해 식사를 대접하며 그들에게 제 삶을 간증하고 복음을 증거했습니다. 그 식사의 마지막에는 항상 눈물의 기도가 있었습니다.

성경은 영원한 긍휼함을 입은 자의 놀라운 정체성을 말씀합니다.

무명한 자 같으나 유명한 자요 죽은 자 같으나 보라 우리가 살아있고 징계를 받는 자 같으나 죽임을 당하지 아니하고 근심하는 자 같으나 항상 기뻐하고 가난한 자 같으나 많은 사람을 부요하게 하고 아무것도 없는 자 같으나 모든 것을 가진 자로다 고후 6:9,10

이 말씀이 바로 영원한 긍휼함을 입은 우리의 실제 모습입니다. 세상의 눈으로 보면 저는 가난한 유학생이자 임신한 아내도 제대로 섬기지 못하는 남편이었을 것입니다. 그러나 하나님의 관점에서는 모든 것을 가진 자였으며 많은 사람을 복음으로 부요하게 한 자였습니다. 50달러로도 저보다 훨씬 잘사는 사람들을 섬길 수 있었습니다.

한 달 후, 대기업에서 근무하시는 이모부가 불쑥 찾아오셨습니다. 임신한 아내를 보시고는 가장 좋은 음식을 사주고 싶다며 저희를 대게 요리로 유명한 어느 한식당에 데려가서 제일 비싼 80달러 갈비 코스요리와 랍스터, 대게 요리를 사주셨습니다. 음식을 다 먹을 수 없어서 남은 음식을 싸 와야 할 정도였습니다. 게다가 이모부는 용돈이라며 500달러를 헌금해주고 가셨습니다.

그날 밤 기도하는데, 이 모든 것이 하나님께서 행하신 것임을 알 수 있었습니다. 하나님은 저희 부부에게 이모부를 보내어 위로하고 격려해주셨습니다. 마치 "사랑하는 내 아들, 내 딸아! 정말 잘했다! 착하고 충성된 종들아, 정말 잘했다!"라고 하시는 것 같았습니다. 하나님 아버지의 마음이 느껴져서 너무나 기쁘고 감사했습니다. 하나님 아버지는 그 자녀가 아버지를 위해 섬기는 것을 기뻐하십니다.

이것이 바로 영원히 함께하시는 하나님의 긍휼을 경험한 자들의 특권입니다. 돈을 많이 갖는 것보다 천국 복음을 확신하고 경험하는 것이 더 중요한 이유가 여기에 있습니다.

영원한 동반자의 약속

하나님은 오늘도 주님을 오해하고 떠난 자들, 자신을 부담스러운 존재라고 여기며 낙망한 자들, 영적 고아처럼 살아가는 모든 이를 기다리며 이 말씀과 같이 긍휼의 마음으로 초청하고 계십니다.

> 너희는 여호와를 만날 만한 때에 찾으라 가까이 계실 때에 그를 부르라 악인은 그의 길을, 불의한 자는 그의 생각을 버리고 여호와께로 돌아오라 그리하면 그가 긍휼히 여기시리라 우리 하나님께로 돌아오라 그가 너그럽게 용서하시리라 사 55:6,7

긍휼의 하나님, 자비의 하나님이 당신을 초청하고 계십니다.

"내게 돌아오라! 내가 너의 창조주다."

"내게 돌아오라! 내가 너의 구속자다."

"내게 돌아오라! 내가 너의 아버지다."

"내게 돌아오라! 내가 너의 영원한 동반자다."

당신이 사람들에게 부담스러운 존재가 되었다고 느끼고 있나요? 가족이나 친구들이 처음과 달리 점점 차가워지는 것 같아서 마음이 아픈가요?

그렇다면 이것을 기억하세요. 하나님의 생각은 사람들의 생각과 다릅니다. 사람들은 우리를 부담스러워할 수도 있지만, 하나님은 절대로 우리를 부담스러워하지 않으십니다.

하나님은 우리를 불쌍히 여기시고 함께하시는 분입니다. 우리의 어려움을 보시고 마음 아파하시며 우리와 함께하기를 원하십니다. 가장 적절한 때에 가장 좋은 방법으로 우리를 위로하고 격려해주십니다.

때로는 50달러밖에 없어도 우리를 통해 큰일을 하실 수 있고, 때로는 뜻밖의 사람을 통해 500달러의 격려를 보내주실 수도 있습니다. 중요한 것은 돈의 액수가 아니라 하나님이 함께하신다는 확신입니다.

신학교 교정의 좁은 길 끝에서 들렸던 그 찬양을 기억합니다.

"보라 주님 구름 타시고 나팔 불 때에 다시 오시네!"

우리 인생의 끝은 절망이 아닙니다. 우리의 주인이시며 모든 것이 되시는 예수님을 만나는 것입니다. 그리고 그분은 우리의 모든 눈물을 닦아주시며 영원토록 함께하실 것입니다.

화장터가 예배당이 된 것처럼, 죽음의 자리가 기쁨의 자리로 바뀐 것처럼 우리의 모든 고통과 절망도 영원한 기쁨으로 바뀔 것입니다.

하나님은 결코 우리를 버리지 않고 영원히 함께하겠다고 약속하셨습니다. 이것이 바로 영원히 함께하시는 하나님의 긍휼입니다. 잠깐의 도움이 아닌 영원한 동반자로서의 사랑입니다. 이 사랑 안에서 진정한 소망을 발견할 수 있습니다. 영원한 소망을 주시는 하나님, 그분의 긍휼 안에서 참된 평안과 기쁨을 누리기를 바랍니다.

소그룹 나눔 질문

❶ 사람들의 한계와 하나님의 무한하심

당신이 어려울 때 처음에는 도와주려던 사람들이 시간이 지나면서 점점 거리를 두었던 경험이 있나요? 그때 어떤 기분이었나요? '나는 사람들에게 부담스러운 존재가 되었다'라고 느낀 적이 있다면 그 경험을 나누어보세요.

❷ '이미 그러나 아직'의 소망

지금 하나님의 사랑과 긍휼을 경험하고 있지만, 아직 완전하지 않아서 기다리고 있는 것이 있나요? '이미' 받은 은혜와 '아직' 기다리는 소망 사이에서 어떤 마음으로 살아가고 있나요?

❸ 부활의 소망이 주는 힘

맥켄지 박사님처럼 자신의 고통 중에도 다른 사람을 위로해준 사람을 만난 적이 있나요? 또는 당신이 그런 사람이 되었던 경험이 있나요? 부활의 소망이나 영원한 희망이 현재의 삶에 어떤 영향을 주는지 생각해보세요.

4 진짜 고아는 누구인가?

저자는 A국에서 만난 지적장애 아이들과 탈북자 자녀들이 물질적으로는 부족해도 하나님의 임재 가운데 예배드릴 때 전혀 고아처럼 보이지 않았으며, 오히려 선교팀원들이 "우리가 고아 같았다"라고 고백했다고 했습니다.

당신의 경험을 포함해 주변 사람 중 물질적으로는 풍족하지만 영적으로 공허해 보였던 경우와 물질적으로는 부족해 보였지만 하나님 안에서 만족하며 사는 경우를 떠올려 보세요. 이 두 경우를 비교할 때, 진정한 풍요로움과 가난함은 무엇으로 결정된다고 생각하나요?

5 영원한 동반자의 약속

"아무것도 우리를 하나님의 사랑에서 끊을 수 없다"라는 로마서 8장의 약속을 어떻게 받아들이나요? 이 약속이 일상의 어려움 속에서 실제로 힘이 된 경험이 있다면 나누어보세요.

하나님의 긍휼은 단순한 감정을 넘어

귀환의 길을 여시기에

우리는 율법적 자책이 아니라

복음적 회개로 응답합니다.

감정적 체념이 아니라 질서 있는 용서입니다.

복음적 회개는

삶의 방향을 바꾸는 열매를 맺습니다.

긍휼을 경험하면
일어나는 일

"왜 회개가 귀환인가?"

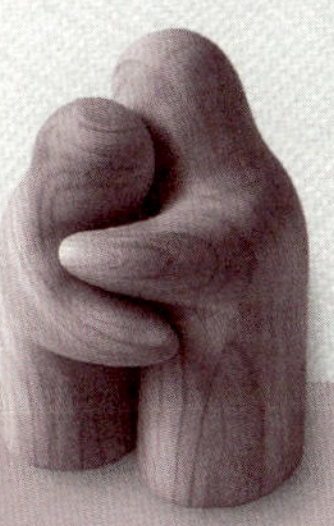

집으로 돌아가고
싶어지는 마음

진정한 회개는 방향 전환이다

누군가가 나를 진심으로 사랑해주고 받아주었는데 그 사람에게 실망을 주었다면 자연스럽게 미안한 마음이 듭니다. 벌을 받을까 봐 두려워서가 아니라 그의 마음을 아프게 했다는 사실 자체가 마음 아프기 때문입니다. 하나님의 긍휼을 경험한 사람에게도 이와 같은 변화가 일어납니다.

가장 먼저 일어나는 변화가 바로 회개입니다. 회개는 억지로 하는 것이 아닙니다. 하나님의 긍휼을 진정으로 경험한 사람에게 일어나는 자연스러운 반응입니다. 따뜻한 햇볕을 받은 꽃봉오리가 자연스럽게 피어나듯 하나님의 긍휼을 경험한 마음에서는 자연스럽게 회개가 일어납니다.

'회개'라는 말을 들으면 어떤 이미지가 떠오르나요? 혹시 무릎 꿇고 울면서 "잘못했습니다"라고 비는 모습인가요? 물론 그런 모습도 회개의 한 부분일 수 있지만, 회개의 본질은 그보다 훨씬 깊습니다.

회개는 단순히 잘못을 인정하는 것이 아닙니다. 회개의 의미를 한마디로 말하면 마음의 방향 자체를 바꾸는 것입니다. 지금까지 내 중심으로 살았던 삶에서 하나님 중심으로 사는 삶으로 방향을 바꾸는 것입니다. 단순히 걸음을 멈추는 것이 아니라, 북쪽을 향해 걷던 사람이 걸음을 틀어 남쪽으로 걷는 것처럼 아예 방향을 바꾸는 것입니다.

회개가 일어나는 세 가지 영역

그렇다면 구체적으로 무엇에 대하여 마음을 바꾸는 것일까요?

첫째, 하나님에 대해 마음을 바꾸는 것입니다.

이러한 회개는 죄에 대한 인식과 그릇된 생각에서 돌이켜 하나님의 뜻과 성품을 받아들이고 순종하는 내적 변화이며, 이는 삶의 구체적인 변화로 이어지는 영적 전환입니다.

전에는 하나님을 멀고 무서운 분, 죄짓는 사람에게 벌을 주시는 분으로 생각했을 수도 있습니다. '하나님께 기도한다고 들어주실까?' 이렇게 생각했을 수도 있고, '하나님이 계실 수도 있고 안 계실 수도 있지. 있다고 해도 나와는 별 관계가 없어'라는 식으로 하나님을 자신과 상관없는 분으로 여겼을지도 모릅니다.

하지만 하나님의 긍휼을 경험하면 그분에 대한 생각이 완전히 바뀝니다. 하나님이 나를 진심으로 사랑하고 나와 함께하시는 분임을 깨닫게 됩니다. 무섭고 차가운 분이 아니라 따뜻하고 자비로우신 분임을 알게 됩니다. 나의 연약함을 아시면서도 끝까지 포기하지 않으시는 분, 나보다 나를 더 사랑하시는 분임을 경험하게 됩니다.

둘째, 예수 그리스도에 대해서 마음을 바꾸는 것입니다.

많은 사람이 예수님을 단순히 훌륭한 선생님, 좋은 말씀을 많이 하신 분이나 도덕적으로 본받을 만한 분 정도로 여깁니다. 또는 역사적 인물 중 한 명, 2천 년 전에 살았던 유명한 종교 지도자 정도로 인식합니다.

진정한 회개는 예수님을 그런 정도의 존재가 아니라 나의 구주와 왕으로 인정하는 것입니다. '예수님이 나를 구원하시기 위해 십자가에서 죽으셨고, 부활하셔서 지금도 살아계신다', '예수님이 내 인생의 주인이시고 왕이시다'라는 것을 마음으로 믿고 고백하는 것입니다. 단순한 과거의 인물이 아니라 지금도 나와 함께 계시며 내 삶을 인도하시는, 살아계신 하나님이심을 받아들이는 것입니다.

셋째, 죄에 대하여 마음을 바꾸는 것입니다.

전에는 자신이 지은 잘못들에 대해 '그럴 수도 있지', '별로 큰일은 아니야', '다른 사람들도 다 그래'라며 대수롭지 않게 여겼을지 모릅니다. 또는 "어쩔 수 없었어", "상황이 그랬어", "내 탓이 아니야" 하면서 합리화했을 수도 있습니다.

하지만 하나님의 사랑을 알고 나면 내 죄에 대한 생각이 완전히 달라집니다. 내 잘못은 단순한 실수나 어쩔 수 없는 일이 아니라 하나님의 마음을 아프게 하는 것임을 깨닫게 됩니다. 죄가 나쁜 이유는 벌을 받기 때문이 아니라 나를 사랑하시는 하나님의 마음을 상하게 하기 때문인 것을 알게 되어 그 죄를 미워하게 되고 잘못된 행동에서 돌이키고 싶어집니다.

회개에는 실제 겉모습은 비슷해 보이면서도 동기와 결과가 전혀 다른 두 종류의 회개가 있습니다. 이 차이를 제대로 아는 것은 매우 중요합니다.

율법적인 회개 vs 복음적인 회개

율법적인 회개는 벌을 받을까 봐 무서워서 하는 회개입니다. 어린 시절, 엄마가 "숙제 안 하면 TV 못 본다!"라고 하면 벌 받기 싫어서 억지로 숙제 했던 기억이 있을 것입니다. "거짓말하면 혼날 줄 알아!"라고 하면 혼나기 싫어서 거짓말을 안 했을 수도 있습니다. 이런 행동은 사랑이 아니라 두려움에서 나온 것입니다.

율법적인 회개는 **동기가 자기중심적**입니다. '하나님께 실망을 드려서 죄송하다'가 아니라 '벌 받기 싫다', '손해 보기 싫다'라는 마음이 중심입니다. '하나님이 화내시면 어떻게 하지?', '지옥 가면 어쩌지?', '복을 받지 못하면 어떻게 하지?' 하는 걱정이 앞서는 것입니다. 결국 관심의 중심은 하나님이 아니라 자기 자신입니다.

지속성이 없습니다. 상황이 나아지거나 위험이 지나가면 곧바로 원래의 자리로 돌아가기 쉽습니다. 감기약을 먹다가 몸이 좀 나아지면 복용을 중단하는 것같이, 위기가 지나가면 경각심도 함께 사라집니다.

근본적인 변화가 없습니다. 겉으로는 잘못된 행동을 멈추는 것 같지만, 마음속 깊은 곳의 생각이나 태도는 그대로입니다. 속도만 잠깐 줄이고, 방향은 바뀌지 않는 것입니다. 마치 과속 단속 카메라 앞에서만 속도를 줄이고 그 구간을 지나면 다시 과속하는 운전자와 같습니다. 벌금이 무서워서 잠깐 조심할 뿐 안전 운전에 대한 마음가짐 자체는 바뀌지 않은 것입니다. 이런 회개는 오래가지 않습니다. 위기가 지나가거나 상황이 좋아지면 다시 원래대로 돌아가기 쉽습니다.

복음적인 회개는 하나님의 사랑에 감동되어 하는 회개입니다. 부모님이든 배우자든 가까운 친구든, 당신을 정말 사랑하는 사람이 있는데 당신이 그 사람에게 상처를 주는 말을 했거나 실망스러운 행동을 했다고 생각해보세요. 그때 당신의 마음은 어떨까요?

그 사람이 당신을 벌하거나 보복할까 봐 무서워서 미안해하는 것이 아니라 그의 마음을 상하게 했다는 사실 자체가 마음 아프지 않습니까? '이 사람이 나를 이렇게 사랑하는데 내가 왜 이런 짓을 했을까?'라는 마음이 들지 않습니까? 복음적인 회개가 바로 이런 마음입니다. 사랑하는 사람을 실망시켰을 때 그 사람의 마음을 아프게 했다는 사실 때문에 진심으로 미안해하고 더는 실망시키지 않기 위해 변화하려고 노력하는 것입니다.

복음적인 회개는 **동기가 관계중심적**입니다. 내 잘못이 하나님의 마음을 아프게 했다는 사실 앞에서 마음이 깨어집니다. 벌이 무서워서가 아니라 나를 사랑하시는 하나님께 상처를 드렸다는 사실이 견디기 어려운 것입니다. 하나님과의 관계가 중요하기 때문에, 그 관계가 손상되었다는 것이 가장 큰 아픔이 됩니다.

지속성이 있습니다. 처벌을 피하기 위한 것이 아니라 관계를 회복하기 위한 것이므로 비록 변화가 느려도 꾸준히 새로운 길을 걸어갑니다. 사랑하는 사람과의 관계를 위해서라면 오래 참고 노력할 수 있는 것처럼, 하나님과의 관계를 위해서라면 지속적으로 변화하려고 노력합니다. 한 번에 완전히 바뀌지 않아도 포기하지 않고 계속 노력합니다.

근본적인 변화가 일어납니다. 단순히 외적 행동만 고치는 것이 아니라 마음의 방향 자체가 바뀝니다. 내 중심에서 하나님 중심으로, 내 유익에서 하나님의 기쁨으로 삶의 기준이 바뀌고, 무엇이 옳고 그른지 판단하는 기준 자체가 달라집니다.

"하나님의 뜻대로 하는 근심"은 하나님의 마음을 아프게 했다는 사실 때문에 슬퍼하는 것입니다. 이런 근심은 "후회할 것이 없는 구원에 이르는 회개"를 만들어냅니다. 진정한 변화와 구원을 가져다주는 회개입니다. 이런 회개를 하고 나면 후회하지 않게 됩니다. 오히려 '그때 그런 회개를 할 수 있어서 정말 감사하다'라는 마음이 듭니다.

반면 "세상 근심"은 벌 받을까 봐, 손해 볼까 봐 걱정하는 것입니다. 이런 근심은 "사망을 이루는 것"이라고 했습니다. 진정한 생명과 변화를 가져다주지 못한다는 뜻입니다. 더 큰 절망과 좌절만을 가져다줄 뿐입니다.

이 두 근심은 겉으로는 비슷해 보일지 몰라도 그 결과는 완전히 다릅니다. 하나는 생명으로, 다른 하나는 사망으로 이어집니다.

하나님의 긍휼을 경험할 때 진짜 회개가 일어난다

제가 진정한 복음적 회개를 경험했던 이야기를 통해 하나님의 긍휼이 어떻게 자연스러운 회개로 이어지는지 나누고 싶습니다.

2004년 봄, 저는 캐나다 밴쿠버의 한 가정에서 열리는 예배에 참석하고 있었습니다. 그 가정에는 교통사고로 반신불수가 된 청년이 있는데, 매주 토요일마다 그를 위해 기도하는 모임이 있었습니다.

어느 날 예배에 가기 전에 집에서 출애굽기를 읽고 있었는데, 읽을수록 너무나 화가 나서 결국 성경책을 소파에 던져버렸습니다. 왜 그렇게 화가 났을까요? 이스라엘 백성들의 모습 때문이었습니다.

출애굽기에는 하나님의 놀라운 사랑이 나타납니다. 하나님께서 이스라엘 백성을 400년간 종살이하던 애굽에서 기적적으로 해방해주셨습니다. 홍해를 갈라서 길을 만들어주셨고, 낮에는 구름 기둥으로 뜨거운 태양을 가려주고 밤에는 불기둥으로 추위와 맹수로부터 보호해주셨습니다. 백성들의 필요도 다 채워주셨습니다. 하늘에서 만나를 내려 배고프지 않게 해주시고 메추라기를 보내 고기도 먹여주셨습니다. 신발이 해어지지 않고 옷도 낡지 않게 해주셨습니다. 이보다 더 완벽한 돌보심이 어디 있겠습니까?

그런데도 이스라엘 백성은 조금만 어려운 일이 생기면 불평하고 원망했습니다. 물이 없으면 "우리를 죽이려고 광야로 데려왔나?"라며 원망하고, 고기가 먹고 싶으면 "애굽에서 고기 먹던 것이 그립다"라며 불평했습니다. 심지어 모세가 하나님께 율법을 받으러 산에 올라간 사이에 금송아지를 만들어 우상숭배까지 했습니다.

이런 모습에 정말 화가 나서 '이런 배은망덕한 사람들을 하나님이 왜 계속 참아주셨을까? 나 같으면 벌써 포기했을 텐데. 이해할 수 없어!'라는 마음 상태로 예배를 드리러 갔습니다.

잊고 있던 은혜의 기억들

그런데 기도 시간에 성령께서 제게 왜 그렇게 화가 나 있느냐고 물으시는 것 같았습니다. 저는 '출애굽한 이스라엘 백성 때문입니다! 그들이 하나님께 너무 배은망덕해서 화가 납니다!'라고 솔직하게 대답했습니다.

그때 하나님께서 제 어린 시절부터 예전 기억을 하나하나 떠올려주셨습니다. 마치 오래된 앨범을 넘겨보는 것처럼, 제가 잊고 있던 하나님의 은혜들이 선명하게 떠올랐습니다.

가장 먼저 보여주신 기억은 일곱 살 때의 일이었습니다. 비가 많이 오는 어느 주일, 어머니의 손을 꼭 붙잡고 교회에 갔습니다. 주일학교 선생님이 아이들에게 하나님께 드릴 기도 제목을 말해보라고 하셨습니다. 다른 아이들은 "아픈 할머니를 낫게 해주세요", "아빠가 직장 잘 다니게 해주세요"와 같은 기도 제목을 말했는데, 저는 창밖의 비를 보면서 "비가 그치게 해주세요"라고 했습니다. 그러자 선생님과 아이들이 모두 눈을 꼭 감고 "하나님, 현호가 집에 갈 때 비가 그치게 해주세요"라며 함께 기도했습니다.

기도가 끝나고 설레는 마음으로 천천히 눈을 뜨며 창밖을 바라보니 정말로 비가 그쳤습니다! 언제 그랬냐는 듯이 구름이 걷히고 화창한 날씨가 되었습니다. 그때의 감동과 놀라움이 생생히 기억나게 해주셨습니다. 일곱 살 아이의 순수한 기도를 들어주신 하나님! 어린 제게는 그것이 정말 큰 기적이었고, 하나님이 살아계신다는 확신을 준 사건이었습니다.

두 번째로는 아버지와 관련된 기억을 보여주셨습니다. 병원에서는 아버지가 뇌종양 말기로 3개월밖에 살 수 없다고 했지만, 하나님의 은혜로 아버지는 2년을 더 사셨습니다. 그런데 수술 후유증으로 언어 능력을 상실한 아버지가 놀랍게도 가정예배 때마다 "나 같은 죄인 살리신 주 은혜 놀라워" 하고 찬송을 부르셨습니다. 평소에는 말을 전혀 못 하시고 예배가 끝난 후에도 그랬지만, 예배 시간만 되면 신기하게도 그 찬송만큼은 또렷하게 부르셨습니다.

그때 우리 가족은 매일 두 번씩 가정예배를 드렸는데, 그때마다 이런 놀라운 일을 경험할 수 있었습니다. 말을 못 하시는 아버지가 하나님 앞에서만큼은 찬송할 수 있게 하신 하나님의 특별한 은혜였습니다. 하나님은 제 아버지를 통해서도 그분의 살아계심을 보여주셨고, 아버지의 입술을 통해 흘러나오는 찬송은 우리 가족에게 큰 위로와 힘이 되었습니다.

세 번째로 보여주신 기억은 친척들에 대한 것이었습니다. 저는 그동안 친척들에 대해 원망하는 마음이 있었습니다. 우리 가족이 어려울 때 충분히 도와주지 않았다고 생각했기 때문입니다. 그런데 하나님께서 제가 잊고 있던 친척들의 사랑과 도움을 하나하나 기억나게 해주셨습니다.

아버지가 투병하시고 어머니가 신장이식 수술 후 몸이 너무 힘드셨던 그 어려운 시절, 친척들이 어머니를 대신해 저와 동생을 돌봐주신 일들이 선명하게 떠올랐습니다. 밥과 빨래를 해주시고, 학교에 늦지 않도록 챙겨주시고, 때로는 용돈도 주셨던 기억들이 하나씩 되살아났습니다. 그분들은 자기 일로 바쁜데도 우리를 위해 시간을 내어주고 물질적으로도 도움을 주셨습니다.

하나님은 심지어 동네 건달들까지 사용하여 저를 보호해주신 것도 보여주셨습니다. 제가 방황할 때 당구장에서 만났던 그들이 겉으로 보기에는 좋지 않은 사람들 같았지만, 하나님은 그들도 저를 돌봐주고 보호하는 도구로 삼아주셔서 그들을 통해서도 하나님의 긍휼을 경험하게 하셨습니다.

이 모든 기억을 보면서, 상처에 매몰된 사람은 모든 것을 왜곡해서 본다는 것을 깨달았습니다. 저는 하나님께서 내려주신 수많은 은혜, 사람들이 베풀어준 사랑과 도움은 보지도 기억하지도 못한 채, 마치 색안경을 끼고 세상을 보듯 오직 제 상처와 아픔만을 통해서 모든 것을 해석하고, 힘든 일과 아픈 기억들만 크게 확대해서 보며 부정적으로 생각하고 있었습니다.

하나님께서 이 모든 기억을 보여주시며 제게 말씀하셨습니다.

"너는 왜 이스라엘 백성을 향해 화를 내느냐? 너야말로 그들보다 더 많은 은혜를 받았으면서도 불평하고 원망하지 않았느냐?”

상상할 수 없었던 고백

이러한 하나님의 은혜를 깨닫게 되니, 제가 출애굽한 이스라엘 백성보다 더 큰 은혜를 받고도 배은망덕했다는 것을 알게 되었습니다. 하나님의 기적을 수없이 체험하고도 언제나 불평과 원망의 말을 내뱉으며 하나님의 뜻에 거스르게 행동했던 모습들이 생각나서 견딜 수가 없었습니다.

일곱 살 때부터 지금까지, 하나님께서 보여주신 무수한 사랑과 기적들을 받으면서도 조금만 어려운 일이 생기면 하나님을 원망하고 의심했던 제 모습이 너무나 부끄러워 눈물로 회개했습니다.

“주님! 출애굽한 이스라엘 백성보다 악한 죄인이 여기 있습니다. 저를 용서해주세요. 저는 정말로 악한 죄인입니다. 제가 분노했던 이스라엘 백성보다도 제가 더 악한 죄인입니다. 저 같은 사람도 용서받을 수 있나요?”

이 기도는 입으로만 하는 형식적인 기도가 아니었습니다. 마음 깊은 곳에서 우러나오는 진실한 회개였습니다. 하나님의 사랑을 깨달으니, 그 사랑을 저버리고 살았던 저 자신이 정말 견딜 수 없었던 것입니다.

울며 엎드려 기도할 때, 하나님의 따뜻하고 거룩한 음성이 들렸습니다.

“피 흘림이 없이는 죄 사함이 없다. 자신이 죄인임을 고백하며 내게 돌아온 자! 내가 보내준 예수 그리스도의 보배로운 피의 능력을 믿고 예수 그리스도를 주와 왕으로 영접한 자가 바로 내 자녀다! 내게 돌아오라!”

제 마음에 말할 수 없는 평안과 기쁨이 찾아왔습니다. 하나님께서 저의 회개를 받으셨고, 저를 자녀로 받아들이신다는 확신이 들었습니다. 제가 아무리 큰 죄인이라 할지라도 예수 그리스도의 십자가 보혈이 모든 죄를 씻어주신다는 것을 믿게 되었습니다. 저는 이 음성을 듣고 철저히 회개하며 고백했습니다.

"예수님은 그리스도, 살아계신 하나님의 아들입니다! 제 인생의 주인과 왕은 바로 예수 그리스도이십니다!"

이 고백도 단순한 지적 동의가 아니었습니다. 마음 깊은 곳에서 예수님을 나의 구주요 왕으로 받아들이는 진실한 신앙고백이었습니다. 그런데 갑자기 마음이 뜨거워지면서 제 입술은 제가 상상할 수 없는 기도를 하나님께 올려드리고 있었습니다.

"하나님! 제 동생을 죽인 자들을 용서합니다. 주님이 저 같은 죄인을 용서해주셨는데, 제가 어찌 그들을 용서하지 않을 수 있겠습니까? 주님, 제게 구원의 확신을 주시고 은혜의 기쁨을 누리게 해주셨던 것처럼, 동생을 죽인 자들도 예수님을 영접하고 주님 안에서의 참 기쁨과 자유함을 누리게 하옵소서! 사람을 죽여 놓고 얼마나 죄책감에 시달리겠습니까? 그들도 저처럼 긍휼히 여기사 당신을 만나게 하옵소서!"

이 기도를 하면서도 저 자신이 놀랐습니다. 몇 분 전만 해도 동생을 죽인 사람들에 대한 분노와 복수심으로 가득했던 제가 이제는 그들의 구원을 위해 기도하고 있었던 것입니다. 이것은 정말 기적이었습니다.

저는 이 기도가 제 의지로 한 것이 아님을 압니다. 성령 하나님의 도우심으로 기도한 것임을 믿습니다. 성경 말씀도 이것을 증거합니다.

이와 같이 성령도 우리의 연약함을 도우시나니 우리는 마땅히 기도할 바를 알지 못하나 오직 성령이 말할 수 없는 탄식으로 우리를 위하여 친히 간구하시느니라 롬 8:26

내 힘으로는 절대 불가능한 기도였습니다. 동생을 잃은 슬픔과 분노가 얼마나 컸는데, 그런 상황에서 가해자들을 용서한다는 것은 인간의 능력으로는 할 수 없는 일입니다. 하지만 하나님의 사랑을 경험하니 성령님의 도우심으로 이런 기도가 가능해진 것입니다.

이때 저는 깨달았습니다. 진정한 용서는 내 의지나 결심으로 되는 것이 아니라 하나님의 은혜와 성령님의 도우심으로만 가능하다는 것을요. 하나님의 사랑을 경험하면 그 사랑이 우리 마음을 변화시켜서 불가능했던 용서를 가능하게 합니다.

그날까지도 제 지갑 속에는 동생을 죽인 자들의 이름과 주소, 주민등록번호를 적은 종이가 들어 있었습니다. 그 종이를 볼 때마다 복수를 다짐했고, 언젠가는 그들에게 똑같은 아픔을 돌려주겠다고 생각했습니다.

그러나 이제는 그 종이를 사진으로 찍어 보관하면서, 복수할 목록이 아니라 간증할 때마다 주님을 증거하는 자료로 사용하고 있습니다. 과거에는 미움과 복수심을 불러일으키는 증거였던 그 종이가 이제는 하나님의 사랑과 용서를 증거하는 도구가 되었습니다. 삶의 아픔이 주님의 흔적이 되어 하나님의 긍휼하심을 선포하는 도구가 되었습니다.

이것이 바로 복음적 회개의 열매입니다. 단순히 잘못을 그만두는 것이 아니라 삶의 방향이 완전히 바뀌는 것입니다. 과거의 상처와 아픔까지도 하나님의 영광을 위한 도구로 사용하게 되는 것입니다. 파괴적이었던 것이 건설적인 것으로, 죽음을 가져다주는 것이 생명을 가져다주는 것으로 바뀌는 것입니다.

다 이해하지 못해도 사랑하면 신뢰할 수 있다

솔직히 고백하면, 지금도 모든 것이 다 해석되는 것은 아닙니다. 부모님의 고난에 대해서는 어느 정도 하나님의 뜻을 이해할 수 있게 되었습니다. 그분들의 고난을 통해 우리 가족이 하나님을 더 깊이 의지하게 되고 하나님의 살아계심을 더 생생하게 경험할 수 있었다는 것을 알게 되었습니다.

그러나 동생의 죽음은 지금도 완전하게 해석하지 못하고 있습니다. '왜 하나님께서 그렇게 젊은 나이에 먼저 데려가셨을까?'라는 질문은 여전히 남아 있고, 때로는 여전히 마음이 아픕니다.

하지만 모든 상처가 지금 당장 해석될 필요는 없음을 깨닫게 되었습니다. 해석이 없어도 신뢰는 가능합니다. 종종 우리는 모든 것을 이해해야만 믿을 수 있다고 생각하지만, 사랑하는 관계에서는 그렇지 않습니다.

어린 자녀는 부모의 모든 결정을 이해하지 못합니다. 때로는 부모가 하는 일이 이해가 안 되고 속상할 때도 있습니다. 그렇다 해도 부모를 사랑하고 신뢰합니다. 부모가 자기를 사랑한다는 것을 알기 때문입니다. 우리와 하나님의 관계도 그렇습니다. 모든 것을 다 이해할 수는 없지만, 하나님이 나를 사랑하신다는 것을 알기 때문에 신뢰할 수 있습니다.

제게는 확실한 믿음이 있습니다. 언젠가 주님을 다시 만날 그날, 주님께서 "착하고 충성된 종아, 내가 너를 안다"라고 말씀해주시는 그 한마디에 모든 것이 녹아내릴 것이라는 믿음 말입니다.

그 주인이 이르되 잘하였도다 착하고 충성된 종아 네가 적은 일에 충성하였으매 내가 많은 것을 네게 맡기리니 네 주인의 즐거움에 참여할지어다 하고 마 25:21

주님을 대면하는 그 순간, 모든 상처가 다 씻기고 모든 것이 풀리고 해석될 것입니다. 그날에 나를 가장 잘 아시는 분 안에서 진정한 안식을 얻을 것입니다. 그래서 그날을 소망하며 인내하면서 믿음으로 살아가는 것이 우리의 몫입니다.

지금 당장 모든 것을 해석하려고만 한다면 상처에 매몰되고 그 고통에 중독되어 매일 힘들게 살아갈 것입니다. 다람쥐가 쳇바퀴를 돌듯 같은 자리를 맴돌면서 고통 속에서 헤어나오지 못할 것입니다.

하지만 그 영광스러운 주님을 만날 날을 소망한다면 상처에서 헤어나올 수 있습니다. 현재의 고통이 끝이 아니라 과정이라는 것을 알기 때문입니다. 지금은 완전히 이해할 수 없어도 언젠가는 모든 것이 명확해질 날이 온다는 소망이 있기에 견딜 수 있습니다.

십자가의 주님이 내 안에 왕이 되실 때 미움은 끊어지고 묶임은 풀립니다. 성령께서 능히 용서하게 하십니다. 그것이 진짜 강함이고 그 길이 자유의 문입니다. 성경이 이를 약속합니다.

여호와는 마음이 상한 자를 가까이하시고 충심으로 통회하는 자를 구원하시는도다 시 34:18

로마서 8장 1절은 이렇게 선언합니다.

그러므로 이제 그리스도 예수 안에 있는 자에게는 결코 정죄함이 없나니

주께 다가갈수록 이루어지는 영적 성장

사도 바울의 영적 여정을 살펴보면 정말 흥미로운 변화를 발견할 수 있습니다. 시간이 지나면서 바울의 자기소개에는 놀라운 변화가 보입니다.

젊은 사도 시절에는 이렇게 말했습니다.

나는 사도 중에 가장 작은 자라 나는 하나님의 교회를 박해하였으므로 사도라 칭함 받기를 감당하지 못할 자니라 고전 15:9

이때는 자신을 다른 사도들과 비교하며 겸손해했습니다. '나는 사도 중에서는 가장 작은 사람'이라고 생각한 것입니다. 자신이 과거에 교회를 박해한 일 때문에 다른 사도들보다 자격이 부족하다고 여겼습니다.

신앙이 더 깊어진 후에는 이렇게 고백합니다.

모든 성도 중에 지극히 작은 자보다 더 작은 나에게 이 은혜를 주신 것은 측량할 수 없는 그리스도의 풍성함을 이방인에게 전하게 하시고 엡 3:8

이제는 사도들이 아니라 모든 성도와 비교하며 자신을 가장 작은 자로 여겼습니다. 신앙의 범위가 넓어진 것입니다. 사도라는 특별한 직분을 가진 사람들뿐만 아니라, 평범한 모든 신자와 비교해서도 자신이 가장 부족하다고 생각하게 된 것입니다.

말년에는 더욱 놀라운 고백을 합니다.

미쁘다 모든 사람이 받을 만한 이 말이여 그리스도 예수께서 죄인을 구이때는 자신을 "죄인 중에 괴수", 즉 가장 큰 죄인이라고 표현했습니다. 이제는 신자들과 비교하는 것도 아니고 모든 죄인 중에서 자신이 가장 나쁜 죄인이라고 고백한 것입니다.

혹시 바울이 나이가 들면서 더 많은 죄를 지어서 이렇게 된 걸까요? 아닙니다. 오히려 그 반대입니다. 주님을 알아갈수록 자신의 죄성을 더 분명히 인식하게 된 것입니다. 방에 불을 켤 때 일어나는 일과 같습니다. 어두울 때는 먼지와 때가 잘 보이지 않아 방이 그럭저럭 깨끗해 보입니다. 그런데 불을 켜는 순간, 평소에 보이지 않던 더러움들이 선명하게 드러납니다. 밝아질수록 더 많은 게 보입니다.

이와 같이 주님께 가까이 다가갈수록 우리 내면의 어두움이 더 뚜렷이 보이는 것은 당연한 일입니다. 밝은 빛 아래 설수록 우리 모습이 더 선명하게 드러나듯, 주님과 가까워질수록 우리의 연약함과 죄성이 더 분명히 보입니다. 주님의 완전하신 사랑과 거룩하심 앞에서 자신의 불완전함과 죄성을 더 깊이 깨닫게 됩니다. 이것은 나쁜 일이 아니라 정상적인 영적 성장의 과정입니다.

은혜는 죄보다 더 크게 보인다

여기서 중요한 것은, 바울이 절망하거나 낙심하지 않았다는 사실입니다.

그러나 내가 긍휼을 입은 까닭은 예수 그리스도께서 내게 먼저 일체

오래 참으심을 보이사 후에 주를 믿어 영생 얻는 자들에게 본이 되게 하려 하심이라 딤전 1:16

바울은 자신을 "죄인 중에 괴수"라고 고백한 바로 다음 구절에서 "내가 긍휼을 입었다"라고 선언하고, 그 긍휼이 얼마나 큰지를 "일체 오래 참으심"이라는 표현으로 나타냅니다. 이것이 핵심입니다. 주님께 가까이 갈수록 내 죄도 더 선명하게 보이지만, 동시에 그 죄를 덮고도 남을 만큼 큰 주님의 긍휼과 은혜가 더 크게 보이기 시작합니다.

영원하신 왕 곧 썩지 아니하고 보이지 아니하고 홀로 하나이신 하나님께 존귀와 영광이 영원무궁하도록 있을지어다 아멘 딤전 1:17

바울의 고백은 계속됩니다. 자신의 죄를 깊이 인식하고 절망에 빠지는 게 아니라 오히려 하나님께 더 큰 영광과 찬양을 돌립니다. 이것은 모든 그리스도인의 경험이기도 합니다.

주님을 믿기 전에는 '나는 그런대로 괜찮은 사람이야'라고 생각하고, 다른 사람들과 비교해봐도 크게 나쁘지 않은 사람이라고 여겼을 것입니다. 하지만 주님을 만난 후 성경을 읽고 기도 생활을 하다 보면 이전에는 보이지 않던 내 마음의 교만함, 이기심, 미움, 시기심 같은 것이 하나둘씩 드러나기 시작합니다. 겉으로는 착한 사람처럼 보이지만, 속으로는 얼마나 악한 생각들이 많이 지나가는지 깨닫게 됩니다.

처음에는 이것이 당황스럽고 괴로울 수 있습니다. '내가 이렇게 나쁜 사람이었나?'라고 생각할 수도 있고, 때로는 '신앙생활을 하지 말걸, 모르고 사는 게 나았어'라는 생각이 들 수도 있습니다.

하지만 시간이 지나면서, 내 죄가 클수록 그것을 용서해주신 하나님의 사랑이 얼마나 큰지도 알게 됩니다. 내가 용서받을 자격이 없는 사람인 것을 알수록 그런 나를 용서해주신 주님의 은혜가 얼마나 놀라운지 더 깊이 깨닫게 됩니다. 내가 죄인임을 인식할수록 주님의 구원은 더욱 귀중한 선물로 다가옵니다. '죄인 중에 괴수'라고 느껴지는 그 순간에 가장 밝고 따뜻한 복음의 빛을 만나게 되는 것입니다.

그래서 주님께 가까이 갈수록 복이 됩니다. 멀리 있을 때는 보이지 않던 내 문제들이 보이기 시작하지만, 동시에 그것을 해결해주실 수 있는 주님의 능력과 사랑도 더 크게 경험하기 때문입니다.

마치 병원에 가서 정밀검사를 받는 것과 같습니다. 검사 결과 여러 문제점이 발견되면 처음에는 걱정스럽지만, 그것을 치료할 수 있는 의사와 병원이 있다는 것을 알면 오히려 안심이 됩니다. 문제를 모르고 방치하는 것보다는 문제를 발견해서 치료받는 것이 훨씬 좋은 일이니까요.

영적인 삶도 그렇습니다. 주님께 가까이 갈수록 내 영혼의 문제들이 더 선명하게 보이지만, 그것들을 치유하고 회복시키실 주님의 사랑과 능력도 더 크게 경험할 수 있습니다.

나의 복음이 있는 자가 긍휼의 삶을 산다

하나님의 긍휼을 경험한 모든 사람에게는 '나의 복음', 즉 하나님이 나에게 어떤 은혜를 베푸셨는지, 나를 어떻게 사랑해주셨는지에 대한 구체적인 이야기가 있습니다.

제게도 저만의 복음이 있습니다. 일곱 살 때 비를 그치게 해주신 하나님, 아버지를 통해 기적을 보여주신 하나님, 친척들과 심지어 동네 건달들까지 사용하셔서 저를 돌봐주신 하나님, 그리고 가장 큰 죄인인 저를 용서하시고 원수까지 용서할 수 있게 하신 하나님의 이야기입니다.

이런 '나의 복음'이 있는 사람들이 진정한 긍휼의 삶, 자비의 삶을 살 수 있습니다. 자신이 얼마나 큰 사랑을 받았는지 아는 사람만이 다른 사람에게도 그 사랑을 나누어줄 수 있습니다.

"회개하라! 천국이 가까웠다!

너는 내게 돌아오라! 내가 너의 창조주다!

너는 내게 돌아오라! 내가 너의 아버지다!

너는 내게 돌아오라! 내가 너의 구속자다!

너는 내게 돌아오라! 내가 너의 영원한 동반자다!"

긍휼의 하나님께서 오늘도 우리를 부르고 계십니다. 우리가 이 부르심에 반응하여 죄에서 돌이켜 주님께 전심으로 나아가기를 간절히 소망합니다.

하나님은 우리를 강제로 끌어오시지 않습니다. 사랑으로 초청하십니다. 아버지가 집 나간 자녀가 돌아오기를 기다리며 먼 길을 바라보는 것처럼 하나님도 우리가 돌아오기를 간절히 기다리고 계십니다. 그리고 우리가 한 걸음 다가가면, 하나님은 열 걸음 달려오셔서 우리를 맞아주십니다.

회개는 끝이 아니라 시작입니다. 하나님의 긍휼을 경험한 자가 하나님께 돌아가는 첫 번째 반응이 회개입니다. 진정한 회개는 두려움 때문에 하는 것이 아니라, 하나님의 사랑에 감동되어 하는 것입니다. 그런 회개는 삶의 실제적인 변화를 가져옵니다.

복수심이 용서로 바뀝니다. 제 동생을 죽인 사람들에 대한 미움이 그들의 구원을 위한 기도로, 이스라엘 백성들을 향한 분노가 나 자신을 돌아보는 겸손으로 바뀌었듯이 분노가 긍휼로 바뀌고 삶의 아픔은 주의 흔적이 되어 다른 사람들에게 복음을 전하는 도구가 됩니다.

가장 어둡고 아팠던 경험들이 이제는 하나님의 사랑을 증언하는 데 가장 강력한 도구가 되었습니다. 이런 변화는 하루아침에 일어나지 않습니다. 오랜 시간이 걸리기도 하고, 때로는 다시 예전의 마음이 올라오기도 합니다. 하지만 하나님의 사랑을 한 번 맛본 사람은 그 사랑으로 다시 돌아가고 싶어집니다. 그것이 복음적 회개의 지속력입니다.

당신의 회개는 어떤 회개인가요? 혹시 지금까지 율법적인 회개만 하지는 않았나요? 벌 받을까 봐 무서워서, 손해 볼까 봐 두려워서, 사람들의 시선이 부담스러워서 한 회개는 진정한 회개가 아닙니다. 상황이 좋아지면 다시 원래대로 돌아가기 쉽습니다. 진정한 회개는 관계의 회복을 위한 회개입니다. 하나님의 마음을 아프게 했다는 사실 때문에 아파하고, 그 관계를 회복하고 싶어 하는 마음에서 나오는 회개입니다.

당신도 하나님의 사랑을 경험하고 그 사랑 앞에서 자연스럽게 일어나는 회개를 경험하기를 바랍니다. 하나님께서 당신에게 베푸신 사랑을 기억해보세요. 어린 시절부터 지금까지 하나님께서 당신을 어떻게 돌봐주셨는지, 어떤 위험에서 보호해주셨는지, 어떤 사람들을 통해 사랑을 보여주셨는지 생각해보세요.

때로는 당연하게 여겼던 일들, 잊고 있던 일들 속에서 하나님의 손길을 발견하게 될 것입니다. 그때 당신의 마음에도 자연스러운 회개가 일어날 것입니다. 그것이 바로 복음적인 회개이며, 진정한 변화를 가져오는 회개입니다. 긍휼의 하나님, 자비의 하나님께 돌아오십시오. 그분은 당신이 돌아오기를 오늘도 기다리고 계십니다.

시편 34편 18절의 약속과 로마서 8장 1절의 선언을 기억하세요.

여호와는 마음이 상한 자를 가까이하시고 충심으로 통회하는 자를 구원하시는도다

그러므로 이제 그리스도 예수 안에 있는 자에게는 결코 정죄함이 없나니

당신이 어떤 잘못을 했든, 얼마나 큰 죄를 지었든, 하나님의 사랑은 그것보다 더 큽니다. 그 사랑 안에서 진정한 회개를 경험하시기 바랍니다.

❶ 두 가지 회개의 경험

지난 경험을 돌이켜볼 때 '벌이 무서워서 한 회개'와 '사랑에 감동되어 한 회개' 중 어떤 것이 더 많았나요? 두 종류의 회개가 가져온 결과에는 어떤 차이가 있었나요?

❷ 왜곡된 기억에서 은혜의 기억으로

상처에 매몰되어, 받은 사랑이나 도움은 잊고 아픈 기억만 기억하며 살았던 경험이 있나요? 그런 왜곡된 시각에서 벗어날 수 있었던 계기가 있다면 무엇이었나요?

❸ 용서의 기적

절대 용서할 수 없다고 생각했던 사람을 용서하게 된 경험이 있나요? 그 변화는 어떻게 일어났나요?

④ 해석되지 않는 상처

당신의 삶에도 왜 이런 일이 일어났는지 아직 해석되지 않는 아픈 경험이 있나요? "해석이 없어도 신뢰는 가능하다"라는 말에 대해 어떻게 생각하나요?

⑤ 나의 복음

당신에게도 '나의 복음' - 하나님이 당신에게 베푸신 구체적인 사랑과 은혜의 이야기가 있나요? 그 경험이 어떤 변화를 가져왔나요?

chapter 7

변화된 마음이 만들어 내는 아름다운 열매들

진정한 회개는 삶의 변화를 가져온다

그러므로 회개에 합당한 열매를 맺고 속으로 아브라함이 우리 조상이라
고 생각하지 말라 내가 너희에게 이르노니 하나님이 능히 이 돌들로도
아브라함의 자손이 되게 하시리라 이미 도끼가 나무뿌리에 놓였으니 좋
은 열매를 맺지 아니하는 나무마다 찍혀 불에 던져지리라 마 3:8-10

사과나무가 사과를 맺는 것은 너무나 당연한 일입니다. 사과나무에게
"사과를 맺어라!"라고 강요할 필요가 없습니다. 건강한 사과나무는 자연
스럽게 사과를 맺습니다. 억지로 열매를 달아놓는다고 사과나무가 되는
것이 아니라 사과나무이기 때문에 사과가 맺히는 것입니다.

이처럼, 진정으로 회개한 사람에게는 자연스럽게 삶의 변화가 나타납니
다. 억지로 만들어낸 변화가 아니라 마음이 변했기 때문에 자연스럽게 드러
나는 변화입니다.

회심 후 옛 친구들을 만나다

저는 회개하고 예수님을 인격적으로 제 인생의 구주와 왕으로, 주인으로

영접했습니다. 회심 후 주님을 섬기는 사람이 되고 선교사가 되었습니다. 몇 년 만에 한국에 들어가게 되었을 때 저는 오랫동안 보지 못했던 친구들이 너무 보고 싶고 그들을 만나 복음을 전하고 싶었습니다. 한때 같이 방황했던 친구들이었기에 그들도 하나님의 사랑을 경험하길 간절히 바랐습니다.

횟집에 가서 앉자마자 모두 제게 소주를 따라주며 마시라고 권했습니다. 저는 예수님을 믿고 선교사가 되었다며 술을 정중히 거절했지만, 친구들은 과거의 제가 아니라면서도 한 잔만 마셔보라고 계속 권했습니다.

"야, 너 진짜 많이 변했네. 옛날 생각해서 딱 한 잔만 마셔봐."

저는 전도해야 했기 때문에 친구들과 함께 있고 싶어서 콜라를 주문해 소주잔에 따라달라고 했습니다. 친구들이 웃으며 "콜라를 소주잔에? 괜찮아?" 하고 물었습니다. 친구들과 건배하며 마시다 보니 콜라 6병을 비웠습니다. 처음에는 상쾌했는데 점점 탄산이 배를 가득 채워 숨쉬기도 힘들 정도로 속이 불편해졌습니다.

'주님의 은혜로 이런 날도 오는구나' 싶어 감사하면서도, 너무 힘들어서 음료를 바꾸기로 했습니다. 친구들은 "오! 드디어 소주 마실 거야?" 하며 기대에 찬 눈빛으로 바라봤는데 콜라와 사이다가 비슷한 줄 몰랐던 저는 콜라 대신 사이다를 달라고 했습니다. 결국 사이다 한 병을 더해 총 7병을 마시고 나니 속이 너무 느끼해서 더는 견딜 수 없었습니다. 친구들은 어이없어하면서도 "너 진짜 변했구나" 하며 웃었습니다.

식사를 마친 후 친구들이 노래방에 가자고 했는데 한 친구가 노래방 도우미도 부르자고 제안했습니다. 저는 예수님을 믿기 때문에 그런 곳에는 갈 수 없다고 분명히 말했습니다.

"미안해, 친구들. 나는 이제 예수님을 믿어서 그런 건 할 수 없어."

친구들은 제가 많이 변했다며 의아해했습니다.

"야, 예수님이 뭐길래 너를 이렇게 바꿔놨어? 예수님이 뭔데?"

저는 이것이 복음을 전할 기회라고 생각했습니다.

"예수님을 믿는다는 건 주인이 바뀐 거야. 내 몸이 더 이상 내 것이 아니야. 예수님이 내 안에 계시고, 내가 예수님 안에 있는 거지. 그래서 예수님이 기뻐하시지 않는 일은 할 수가 없어."

제가 하도 안 가겠다고 하니 친구들이 양보했습니다.

"알았어, 알았어. 그럼 도우미는 안 부를게. 우리끼리만 노래 부르자. 그러니까 같이 가자."

친구들이 저와 함께 있고 싶어서 이렇게까지 배려해주는 것을 보니 그 마음이 정말 고마웠습니다. 그래서 함께 노래방에 갔는데, 가서도 고민이 되었습니다. 예전 같으면 신나게 노래하고 춤을 추며 놀았을 텐데, 이제는 달랐습니다.

'어떻게 하지? 나는 이제 하나님을 찬양해야 하는데….'

마음속으로 기도하며 십자가나 예수님의 이름이 직접적으로 나오지 않는 찬양을 찾다가 〈소원〉이라는 CCM 곡을 발견했습니다.

"삶의 작은 일에도 그분을 닮기 원하네, 그분의 길로 가길 원해…"

저는 마이크를 잡고 그 찬양을 열심히 불렀습니다. 친구들은 처음에는 리듬을 타다가 점점 이상한 표정을 지었습니다.

"야, 그분이 누군데? 왜 그분의 길로 가야 하는데?"

"이게 무슨 이상한 노래야? 너 진짜 이상해졌다."

친구들은 약간 성질을 내기도 했지만, 저는 마음속으로 '이 친구들도 언젠가는 주님을 만날 날이 올 거야. 그때 이 찬양이 생각날 거야' 하고 생각하며 끝까지 열심히 그 찬양을 불렀습니다.

그 일 이후로 소문이 빠르게 퍼져 친구들은 저를 저녁에는 부르지 않고 점심에만 불렀습니다. 나중에 왜 요즘은 낮에만 만나자고 하냐고 물어봤더니 친구들이 솔직하게 대답했습니다.

"야, 너 술을 안 마신다고 소문 다 났어. 너 종교에 귀의했다며?"

예수님을 믿는다는 것이나 영접이 무엇인지 정확히 모르기 때문에 단순히 종교에 귀의했다고 이해했던 것입니다. 그 표현이 정확하지는 않지만, 그들 나름대로 제 변화를 인정해준다는 것에 감사했습니다.

한 친구가 "그래도 술 한잔 정도는 하지 않겠어?" 하고 물어보자 다른 친구가 "야, 너 애 성격 모르냐? 얘는 한번 마음먹으면 끝까지 가는 성격이야. 건드리지 마. 진짜로 안 할 거야"라며 말렸습니다. 그 말을 들으며 저는 '맞아, 나는 이제 끝까지 주님만 따라갈 거야' 하고 생각했습니다.

그들은 내 삶을 통해 예수님을 본다

친구들은 저를 이해하지는 못했지만, 저를 배려해주는 의리 있는 사람들이었습니다. 예수님을 모르기 때문에 한때 방황하고 잘못된 길을 걷기도 했지만 본래 마음은 순수하고 선했습니다. 그래서 저는 더욱 그들이 복음을 듣고 변화되기를 간절히 기도했습니다.

하루는 제가 집회에 참석한다는 이야기를 듣고 한 친구가 함께 가겠다고 했습니다. 원래 담배를 많이 피우던 친구인데 집회 장소에 도착해서 들어가려 할 때도 습관적으로 담배를 꺼냈습니다. 제가 담배 피우고 들어갈 거냐고 조심스럽게 묻자 친구는 잠시 생각하더니 담배를 도로 집어넣었습니다.

“아니, 안 피울래.”

“왜? 평소에 담배를 그렇게 좋아하잖아.”

친구는 쑥스러운 듯 웃으며 대답했습니다.

“야, 너 종교에 귀의하고 선교사나 목사 된 거 아니야? 내가 어떻게 네 옆에서 담배를 피워? 너 지도자잖아. 신도들 앞에서 내가 담배 피우는 모습을 보여줄 수는 없지.”

이 친구는 예수님을 믿지도 않았지만, 저를 배려하는 마음에서 담배를 피우지 않겠다고 했습니다. 저는 그 마음이 정말 감사했습니다.

또 다른 친구는 더욱 감동적이었습니다. 그 친구는 제가 부흥회를 인도한다는 소식을 듣고, 직장에 월차까지 내고 자기 차로 집회 장소까지 데려다주었습니다. 집회 장소에 도착했을 때, 저는 그 친구에게도 담배를 피우고 들어갈 것인지 물었습니다.

“나는 담배 안 피울 거야. 그리고 나는 여기 들어가지 않을 거야. 밖에서 기다릴 테니까 집회 끝나면 나와.”

“왜? 들어와서 같이 들으면 되잖아.”

친구는 진지하게 “나는 불교 신자야. 너를 존중하기 때문에 담배도 안 피우는 거고. 너한테 피해 주기 싫어서야. 그런데 나를 전도하려고 하지는 마. 나는 내 종교가 있어”라고 말했습니다. 그 친구의 마음이 고마운 한편, 안타까웠습니다.

“알았어. 고마워. 더울 텐데 밖에서 기다리지 말고 차라도 타고 있어.”

그런데 놀라운 일이 일어났습니다. 집회가 시작되고 한참 뒤에 보니 그 친구가 집회장 맨 뒤쪽에 조용히 앉아서 말씀을 듣고 있었습니다. 집회가 끝나고 그 친구에게 물었습니다.

"들어가지 않겠다더니 어떻게 들어왔어?"

친구는 잠시 망설이다가 진지하게 말했습니다.

"사람은 바닥에 떨어져봐야 그 사람의 진가를 볼 수 있잖아. 네가 얼마나 힘든 시간을 겪었는지 나도 알아. 그런데 너를 보니까 너는 진짜 예수님을 믿는 사람이구나 싶더라고. 진심으로 믿는 거 같더라."

그러면서 제 삶이 녹록지 않다는 것을 알고 제 옷을 사주겠다고 매장으로 데려갔습니다. 제가 극구 사양했는데도 여러 벌을 사주었습니다.

"정말 고마워. 이렇게까지 안 해도 돼."

"야, 친구 좀 챙겨주는 거 가지고 뭘 그래. 그리고… 네 예수님도 참 대단하신 것 같아. 너를 이렇게 바꿔놨잖아."

그 순간 저는 깨달았습니다. 제 삶의 변화를 통해 친구들이 예수님을 보고 있다는 것을요. 말로만 전도하는 것이 아니라, 삶으로 복음을 증거하고 있다는 것을 알게 되었습니다.

성령 충만한 삶으로의 변화

술 취하지 말라 이는 방탕한 것이니 오직 성령으로 충만함을 받으라 시와 찬송과 신령한 노래들로 서로 화답하며 너희의 마음으로 주께 노래하며 찬송하며 범사에 우리 주 예수 그리스도의 이름으로 항상 아버지 하나님께 감사하며 그리스도를 경외함으로 피차 복종하라 엡 5:18–21

회개에 합당한 열매가 무엇인지 명확하게 보여주는 말씀입니다. 이 말씀을 쉽게 풀어보겠습니다. 진정으로 회개한 사람은 다음과 같은 특징을 보입니다.

첫째, 세상의 방탕함을 버리고 성령님의 충만을 추구합니다.

술에 취해 즐거움을 찾는 대신 성령님으로 마음이 가득 차서 진정한 기쁨을 누립니다. 세상의 쾌락은 일시적이지만, 성령님이 주시는 기쁨은 영원합니다.

둘째, 찬양이 삶의 자연스러운 표현이 됩니다.

억지로 찬양하는 것이 아니라, 마음에서 자연스럽게 하나님을 향한 노래가 흘러나옵니다. 노래방에서도 세상 노래가 아닌 찬양을 부르고 싶어지는 것입니다.

셋째, 그리스도를 경외하는 마음으로 살아갑니다.

사람들이 보든 안 보든, 주님이 나를 보고 계심을 의식하며 살아갑니다. 친구들이 술을 권해도, 노래방 도우미를 부르자고 해도, 주님을 생각하며 거절할 수 있게 됩니다.

넷째, 하나님의 이름으로 범사에 감사합니다.

어떤 상황에서도 감사할 수 있는 것은, 모든 것이 하나님의 손안에 있다는 것을 믿기 때문입니다.

이런 변화는 억지로 만들어지는 것이 아닙니다. 마음이 변했기 때문에 자연스럽게 나타나는 열매입니다.

진정한 회개와 진정한 용서

결혼 예비 커플 상담을 하면서 접한 사례를 조금 각색해 들려드리겠습니다. 이 이야기는 회개와 용서, 그리고 복음의 능력이 얼마나 아름다운 열매를 맺는지 보여줍니다.

부부의 이혼을 비롯해 결혼 예비 커플의 파혼에는 주로 두 가지 큰 이유가 있습니다. 돈 문제와 성(性) 문제입니다. 돈 문제는 배우자 몰래 숨겨왔던 빚이 있는 경우이고, 성 문제는 다른 이성과 혼전 성관계가 있었다는 것이 밝혀지는 경우입니다. 빚 자체나 혼전 성관계 자체보다는 배우자에게 숨겼다는 사실, 미리 말하지 않고 나를 속였다는 것이 더 큰 상처가 되어 그 배신감으로 파경에 이를 때가 많습니다.

결혼을 앞둔 한 자매가 오랫동안 기도하며 고민하다가 마침내 약혼자의 앞에 가 앉았습니다. 그리고 그의 손을 꼭 붙들고 진지하게 말했습니다.

"나 자기한테 할 말이 있어. 하나님께는 이미 회개했지만, 자기에게도 꼭 말해야 할 것 같아서…. 나를 용서해줄 수 있을지 모르겠지만…."

그녀는 눈물을 흘리며 떨리는 목소리로 과거에 다른 남자와 잠자리를 했던 일을 털어놓았습니다.

"그때는 그 사람과 결혼할 줄 알았어. 하지만 그 관계는 끝났고…. 이제는 당신을 진심으로 사랑하게 되었어. 그런데 이 죄를 숨기고 결혼할 수는 없었어. 만약 이 일로 당신이 결혼을 포기하고 싶다면… 그래도 괜찮아. 제발 나를 용서해줘."

얼마나 부끄럽고 수치스러웠을까요? 사랑하는 사람을 만나 새로운 시작을 꿈꾸던 순간, 과거의 죄가 발목을 잡았습니다. 그토록 사랑하는 이 앞에서 모든 치부가 드러나는 순간, 그녀는 무너질 수밖에 없었습니다.

그러나 이것이 바로 우리가 하나님을 인격적으로 만날 때 일어나는 일입니다. 우리의 은밀한 죄악이 빛 가운데 드러나며 비로소 진정한 회개가 시작됩니다. 수치와 부끄러움이 낱낱이 다 드러납니다.

그런데 지금 드러나는 것이 최후의 심판 때에 드러나는 것보다 낫습니다. 지금 드러나서 회개할 수 있는 것이 빠른 은혜입니다. 하나님께서 긍휼히 여기셔서 지금 회개할 기회를 주신 것입니다.

그녀의 눈물 속에는 두 가지가 있었습니다. 첫째는 수치심이었습니다. 과거의 선택이 가져온 부끄러움 때문이었습니다. 둘째는 감사함이었습니다. 지금이라도 죄를 깨닫고 돌이킬 기회가 주어진 것에 대한 기쁨이었습니다.

지금이라도 드러나서 다행이었습니다. 죄가 늦게 밝혀졌다면 더 깊은 절망 속으로 빠져들었을 것입니다. 하나님은 우리의 연약함을 아시고 적절한 때에 진리를 깨닫게 하십니다. 이로써 우리는 하나님의 사랑을 더욱 깊이 경험하게 됩니다. 하나님은 이렇게 약속하셨습니다.

> 여호와께서 말씀하시되 오라 우리가 서로 변론하자 너희의 죄가 주홍 같을지라도 눈과 같이 희어질 것이요 진홍같이 붉을지라도 양털같이 희게 되리라 사 1:18

약혼자인 형제는 복음을 제대로 알고 있었습니다. 그는 예비 신부의 고백을 듣고 잠시 침묵했으나 이내 곁에 가서 그녀를 꼭 안아주었습니다.

"하나님이 나를 사랑하셔서 구원해주셨어. 나도 당신을 진심으로 사랑해. 당신이 나를 사랑한 것처럼 나도 당신의 부족한 점까지 그대로 받아들이고 사랑할 거야."

그의 눈에 눈물이 흘렀습니다. 그는 계속해서 말했습니다.

"만약 내가 당신의 과거 때문에 당신을 버린다면, 그건 내가 받은 하나님의 사랑을 부정하는 거야. 하나님은 아무 조건 없이 나를 용서하셨어. 나

역시 완전하지 않고 용서받아야 할 잘못이 많은 사람이야. 그런데 하나님은 그런 나를 있는 그대로 받아주셨어. 그렇다면 나도 당신을 있는 그대로 사랑해야 하지 않겠어? 내가 받은 그 큰 사랑을 기억하면서, 어떻게 당신을 외면할 수 있겠어? 당신을 용서하지 않는다는 건 내가 받은 은혜를 모르는 거나 마찬가지야."

처음에 수치심과 두려움에 떨었던 그녀는 자신의 흠까지 품어주는 약혼자의 진심 어린 사랑 앞에서 마음이 녹아내렸습니다. 자신이 어떻게 이런 은혜를 받았는지 감격하며 다시는 같은 잘못을 저지르지 않겠다고 다짐했습니다. 형제는 자매를 더욱 따뜻하게 감싸주며 약속했습니다.

"과거의 그 사람이 당신을 괴롭히면 내가 모두 막아줄게. 어떤 어려움도 내가 다 덮어줄 테니까 걱정하지 마. 나는 이미 다 용서했어."

그 커플은 결혼해서 지금까지 잘 살고 있습니다. 기대와는 달리 몇 번 싸웠다고 합니다. 결혼 생활이 항상 완벽할 수는 없으니까요. 부부라면 누구나 다툴 때가 있습니다. 그런데 놀랍게도 그 이전의 사건에 대해서는 지금까지 단 한 번도 언급한 적이 없다고 합니다.

싸울 때마다 "그때 네가 그랬잖아" 하며 과거를 들먹이는 부부가 많은데, 이 부부는 달랐습니다. 남편은 용서한다고 말한 이후 정말로 그것을 기억하지 않았습니다. 다툴 때도 현재의 문제만 이야기했지, 과거의 그 일을 무기로 사용하지 않았습니다.

그것이 진정한 용서입니다. 다시 그 일에 관해 언급하지 않고, 가능한 한 기억하지도 않는 것입니다. 용서한다고 말만 하고 마음속으로는 계속 기억하며 기회가 있을 때마다 들먹이는 것은 진정한 용서가 아닙니다.

용서받은 배우자는 그것과 관련된 죄를 다시는 짓지 않았습니다. 그것이 회개입니다. 남편의 사랑과 용서가 얼마나 큰 은혜인지 깨달았기 때문에 그 은혜를 저버리지 않으려고 최선을 다했습니다. 회개에 합당한 열매를 맺었던 것입니다.

지금 그 부부는 정말 서로를 지극히 사랑하며 살고 있습니다. 이 가정을 보면 복음이 보입니다. 긍휼과 회개, 용서와 회개에 합당한 열매가 모두 나타나 있습니다. 이것이 바로 하나님의 약속입니다.

만일 우리가 우리 죄를 자백하면 그는 미쁘시고 의로우사 우리 죄를 사하시며 우리를 모든 불의에서 깨끗하게 하실 것이요 요일 1:9

성령님을 구하는 삶

회개는 이와 같습니다. 하나님 앞에 회개하면, 하나님은 다시는 그 죄를 묻지 않으십니다. 기억도 하지 않고 다 지워버리십니다. 용서하셨기 때문입니다.

일상생활에서 이것을 이해해보겠습니다. 누군가가 당신에게 큰 잘못을 했는데 진심으로 사과했다고 가정해봅시다. 당신이 그 사과를 받아들이고 용서했다면 그다음부터는 그 일을 계속 들먹이지 않을 것입니다. 정말 용서했다면 그 일은 끝난 것이고 다시는 문제 삼지 않는 것입니다. 하나님의 용서는 이보다 훨씬 더 완전합니다. 하나님이 진정한 회개의 능력이십니다.

내가 그들의 불의를 긍휼히 여기고 그들의 죄를 다시 기억하지 아니하리라 하셨느니라 히 8:12

하나님은 다시 기억하지 않겠다고 약속하셨습니다. 이것이 얼마나 놀라운 은혜입니까? 전능하신 하나님께서 우리 죄를 기억하지 않겠다고 약속하신 것입니다.

진정으로 회개한 사람은 하나님을 너무 사랑하게 됩니다. 그래서 죄가 싫어집니다. 한번 넘어지면 눈물을 흘립니다. 울면서 하나님을 더 사랑하고 싶은데 잘되지 않는다고 처절하게 기도합니다.

"하나님, 저는 당신을 사랑하고 싶습니다. 그런데 저의 힘으로는 안 됩니다. 저를 도와주세요."

이런 사람들의 특징은 성령님을 구하는 것입니다. 자기 힘으로는 안 된다는 것을 깨닫기 때문입니다. 자신의 비참함과 마음의 연약함을 알기 때문에 성령님을 간절히 구합니다.

제가 친구들과 함께 있으면서 탄산음료 7병을 마신 것도, 노래방에서 CCM을 부른 것도 제 의지만으로 된 일이 아닙니다. 성령님이 저를 도우셨기 때문에 가능했던 일입니다.

하나님의 백성답게 살려면 내 힘으로는 안 된다는 것을 깨닫고 사도 바울처럼 "오호라 나는 곤고한 사람이로다 이 사망의 몸에서 누가 나를 건져 내랴"(롬 7:24)라고 고백하게 됩니다. 율법을 완벽하게 지키려고 노력했던 바울도 자기 힘으로는 하나님께서 원하시는 삶을 살 수 없다는 것을 깨달아 성령님의 능력을 더욱 사모하게 되었습니다.

우리도 그렇습니다. 진정으로 회개한 사람은 자신의 연약함을 알기 때문에 더욱 성령님을 의지하게 됩니다. 그리고 성령께서 함께하실 때 우리는 상상할 수 없었던 변화를 경험하게 됩니다.

회개는 삶을 변화시킵니다. 회개했다면 삶에 실제적인 변화가 일어나고 회개에 합당한 열매가 나타나야 합니다. 진정한 회개는 다른 사람들이 알아볼 만큼 삶의 실제적인 변화를 가져옵니다.

제가 예수님을 영접한 후 친구들과의 관계에서 일어난 이 모든 변화는 우연이 아니었습니다. 친구들은 제게 "너 진짜 변했다"라고 말했습니다. 그들은 예수님을 믿지 않았지만, 제 삶의 변화는 인정했습니다. 그것이 바로 회개에 합당한 열매입니다.

회개에 합당한 열매로 인한 변화

진정한 회개는 회개에 합당한 열매를 맺어 삶에 여러 가지 실제적인 변화를 가져옵니다. 제가 옛 친구들을 만났을 때의 변화를 예시로 들어 설명해 보겠습니다.

첫째, 관계가 변화됩니다.

친구들과의 관계에서도 예수님이 주인 되신 것을 증명합니다. 예전처럼 술을 마시며 방탕하게 노는 것이 아니라 그들에게 복음을 전하고 선한 영향력을 끼치려고 노력합니다. 관계의 성격 자체가 바뀌는 것입니다.

둘째, 습관에 변화가 생깁니다.

술, 담배 등과 같은 세상의 쾌락에서 돌아섭니다. 억지로 참는 것이 아니라 더 이상 그런 것들이 즐겁지 않기 때문입니다. 더 큰 기쁨을 알게 되었기 때문에 작은 쾌락이 매력적으로 보이지 않게 됩니다.

셋째, 가치관에도 변화가 일어납니다.

무엇이 진정으로 가치 있는가에 대한 기준이 완전히 바뀝니다. 노래방에 가서도 찬양을 부르고 싶어지는 것은 마음 깊은 곳에서 하나님을 사랑하는 마음이 자라나 세상 노래를 부르기보다 하나님을 찬양하길 원하는 마음이 생겼기 때문입니다.

넷째, 증인의 삶으로 나아갑니다.

주변 사람들에게 복음을 전하는 삶을 살게 됩니다. 억지로 전도하는 것이 아니라, 내가 경험한 하나님의 사랑을 다른 사람들도 경험하기를 간절히 바라는 마음에서 자연스럽게 복음을 나누게 됩니다.

다섯째, 성령에 의존하며 살게 됩니다.

내 힘으로는 안 된다는 것을 알고 성령님을 의지하는 삶을 살게 됩니다. 교만하게 "나는 할 수 있어"라고 말하는 대신, 겸손하게 "성령님, 저를 도와주세요"라고 기도하며 살아가게 됩니다.

진정한 회개는 인생의 주인이 바뀌는 것이고, 주인이 바뀌면 삶의 모든 영역이 바뀝니다. 이것이 바로 회개에 합당한 열매입니다.

당신의 삶을 점검해보세요. 만약 삶에 이런 실제적인 변화가 없다면 혹시 율법적인 회개만 하고 있는 것은 아닌지 생각해봐야 합니다. 진정한 복음적 회개는 반드시 삶의 열매로 나타나기 때문입니다.

사과나무는 누가 강요하지 않아도 사과를 맺습니다. 사과나무이기 때문입니다. 그렇듯 진정으로 거듭난 사람은 누가 강요하지 않아도 회개에 합당한 열매를 맺습니다. 새로운 피조물이 되었기 때문입니다.

이미 도끼가 나무뿌리에 놓였으니 좋은 열매를 맺지 아니하는 나무마다 찍혀 불에 던져지리라 마 3:10

이 경고를 기억하십시오. 이 말씀은 우리를 두렵게 하려는 것이 아니라 진정한 회개의 중요성을 강조하는 것입니다. 겉으로만 그리스도인인 척하는 것이 아니라, 진정으로 변화된 삶을 살아야 한다는 것입니다. 하지만 걱정하지 마세요. 이 모든 변화를 당신의 힘으로 만들어내야 하는 것이 아닙니다. 하나님께서 당신을 변화시키실 것입니다.

앞서 나눈 커플의 사례에서 아내가 용서받은 후 회개에 합당한 열매를 맺은 것은 남편의 사랑에 감동했기 때문입니다. 억지로 노력해서가 아니라 사랑을 경험했기 때문에 자연스럽게 변화된 것입니다.

우리도 하나님의 사랑을 진정으로 경험하면 자연스럽게 변화가 일어납니다. 하나님께서 나를 얼마나 사랑하시는지, 나를 위해 무엇을 하셨는지를 깨달으면 그 사랑에 감동되어 변화된 삶을 살고 싶어집니다.

그런즉 누구든지 그리스도 안에 있으면 새로운 피조물이라 이전 것은 지나갔으니 보라 새것이 되었도다 고후 5:17

그리스도 안에 있다면 당신은 새로운 피조물입니다. 새로운 피조물은 새로운 열매를 맺습니다. 그것은 하나님의 약속이며, 하나님께서 반드시 이루실 것입니다.

성령께 의지하십시오. 그분께서 당신을 도우시고 당신의 힘으로는 할 수 없는 일들을 가능하게 하실 것입니다. 회개에 합당한 열매를 맺는 삶, 하나님의 긍휼을 경험하고 그 긍휼을 다른 사람들에게도 전하는 삶을 사시기를 간절히 기도합니다.

소그룹 나눔 질문

❶ 다른 사람이 알아볼 수 있는 변화

당신의 주변 사람들(가족, 친구, 동료 등)에게서 "너 진짜 변했다", "너는 진짜 예수님을 믿는 사람이구나"라는 말을 들은 적이 있나요? 그들도 당신의 변화를 알아볼 수 있습니까? 회개 이후 당신의 삶에 나타난 구체적인 변화가 있다면 무엇입니까?

❷ 어려운 상황에서의 선택과 성령님의 도우심

신앙 때문에 사람들 앞에서 어려운 선택을 해야 했던 경험이 있습니까? 그때 '내 힘으로는 할 수 없었는데 성령께서 도우셨다'라고 느낀 경험이 있습니까?

❸ 용서와 회개의 열매

결혼 예비 커플의 이야기에서 남편은 아내의 과거를 완전히 용서하고 나서 다시는 언급하지 않았고, 아내는 회개에 합당한 열매를 맺었습니다. 당신은 누군가를 이렇게 완전히 용서한 경험이 있습니까? 혹은 이렇게 용서받은 경험이 있습니까? 그 경험이 당신의 삶을 어떻게 변화시켰나요?

④ 회개의 다섯 가지 열매 점검

이 장에서 제시한 다섯 가지 회개의 열매를 생각해볼 때, 당신의 삶에는 어떤 열매들이 나타나고 있습니까?

- 관계의 변화 : 예수님이 주인 되심을 증명하는 관계
- 습관의 변화 : 세상적 쾌락에서 돌아섬
- 가치관의 변화 : 하나님을 찬양하기를 원하는 마음
- 증언의 삶 : 복음을 전하는 삶
- 성령 의존 : 성령님을 의지하는 삶

⑤ 삶으로 복음을 증거하기

저자의 친구는 "네 예수님도 참 대단하신 것 같아. 너를 이렇게 바꿔 놨잖아"라고 말했습니다. 당신의 삶을 통해 다른 사람들이 예수님을 보고 있습니까? 말로만이 아니라 삶으로 복음을 증거하고 있다고 느낀 경험이 있습니까? 또한 아직 예수님을 믿지 않는 소중한 사람들을 위해 어떻게 기도하고 섬기고 있습니까?

하나님의 긍휼을 받은 자는 결국

흘려보내는 자가 됩니다.

은혜의 경험은 내 안의 위로에 머물지 않고

관계·교회·이웃을 살리는 움직임으로 번져야 합니다.

그 출발점은 거창한 계획이 아니라

오늘 한 사람에게 건네는 작은 배려, 경청, 기도입니다.

사랑받은 사람이 사랑하며 사는 법

"왜 열매가 가능해지는가?"

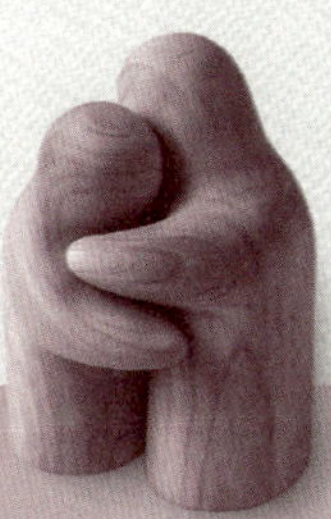

chapter 8

한 사람에게서 또 한 사람에게

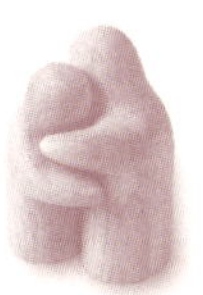

행함이 있는 긍휼

이제 우리는 중요한 전환점에 서 있습니다. 주님은 "너희도 자비로운 자가 되라"(눅 6:36)라고 하십니다. 이 말씀은 명령형 문장입니다. 단순한 권면이 아니라 하나님의 긍휼을 경험한 자가 마땅히 가야 할 길이며, 선택 사항이 아니라 "너희도 하나님 아버지의 마음으로 네 이웃인 잃어버린 영혼들, 고아, 과부, 가난한 영혼들을 불쌍히 여기고 그들의 고난 가운데 함께하여라"라는 명령입니다.

그리스도인인 우리에게 자비하라고 말씀하신 까닭은 그 앞 절의 하반부를 읽어보면 알 수 있습니다. 하나님은 "은혜를 모르는 자와 악한 자에게도 인자"(눅 6:35)하시기 때문입니다.

긍휼하신 하나님은 믿는 자들을 통해 그분의 자비와 긍휼이 흘러가기를 바라십니다. 사실 우리는 하나님의 자비와 긍휼의 은혜를 먼저 입었던 자이기에 그 긍휼을 전하는 데 부족함이 없는 자입니다. 물이 높은 곳에서 낮은 곳으로 흐르듯이, 하나님으로부터 긍휼을 받은 우리는 그 긍휼을 다른 사람들에게 흘려보내야 합니다. 받은 것을 나누는 것, 그것이 바로 하나님께서 우리에게 원하시는 삶입니다.

우리 주변에는 아픔과 고통 가운데 있는 사람이 참으로 많습니다. 직장을 잃고 좌절한 사람, 가정이 깨져 혼자 아이를 키우는 사람, 병으로 고통받는 사람, 외로움과 고독 속에서 하루하루를 견디는 사람…. 우리는 그들을 어떻게 대하고 있습니까?

말은 누구나 다 쉽게 할 수 있습니다. "힘내세요", "기도하고 있어요", "하나님께 맡기세요"와 같은 위로의 말을 하기는 쉽습니다. "이렇게 하면 돼요", "저렇게 해보세요" 하고 해결 방법을 조언하는 것은 어렵지 않습니다. 하지만 이런 태도에 대해 성경은 날카롭게 지적합니다.

> 만일 형제나 자매가 헐벗고 일용할 양식이 없는데 너희 중에 누구든지 그에게 이르되 평안히 가라, 덥게 하라, 배부르게 하라 하며 그 몸에 쓸 것을 주지 아니하면 무슨 유익이 있으리요 이와 같이 행함이 없는 믿음은 그 자체가 죽은 것이라 약 2:15-17

추운 겨울날, 얇은 옷만 입고 떠는 사람에게 "몸을 따뜻하게 하세요"라고 말만 하고 간다면 무슨 소용이 있겠습니까? 진정으로 그를 생각한다면 자기 외투를 벗어주거나 따뜻한 곳으로 데려가 줘야 할 것입니다. 행함이 없는 믿음이 죽은 것이듯, 행함이 없는 긍휼도 죽은 긍휼입니다. 함께해도, 불쌍한 마음으로 함께하지 못한다면 죽은 긍휼입니다.

욥의 친구들이 그랬습니다. 하루아침에 재산, 자녀, 건강, 모든 것을 잃고 온몸에 종기까지 나서 극심한 고통 속에 있는 욥을 세 친구가 찾아왔습니다. 처음 1주일 동안은 그들도 그저 말없이 함께 있어 주었습니다. 아름다운 긍휼이었습니다. 하지만 그 후에 문제가 시작되었습니다.

그들은 욥을 위로하러 왔지만, 오히려 "욥, 네가 이렇게 고통받는 것은 분명히 네가 죄를 지었기 때문이야. 하나님께 회개해"라고 말하며 욥을 정죄하고 심판했습니다. 욥의 친구들은 논쟁으로 인하여 진정한 긍휼을 실천하지 못한 대표적인 사람들입니다.

이 시대에도 얼마나 많은 사람이 욥의 친구들과 같은 실수를 저지르는지 모릅니다. 고통 가운데 있는 사람에게 "하나님께 무슨 잘못을 해서 저런 고통을 받지?"라고 말하거나 "성경을 보면 이렇게 나와 있어요"라며 성경의 내용을 가르치려고만 하는 사람들을 많이 봅니다.

이미 고통 속에 있는 사람에게 정죄의 말을 더하는 것은 상처에 소금을 뿌리는 것과 같습니다. 그들에게 필요한 것은 심판이나 교훈이 아니라 함께 아파해주는 따뜻한 마음입니다. 욥의 친구들과 같은 모습은 고통받고 있는 사람을 두 번 죽이는 것임을 잊지 말아야 합니다.

긍휼은 이어지고 흘러간다

아파하고 신음하는 이에게 먼저 해야 할 것은 말이나 가르침이 아니라 아버지의 마음으로 함께해주는 것입니다. 먼저 아버지의 마음으로, 길 잃어버린 한 영혼을 위한 애통함으로 그들과 함께하고 같이 있어 주는 것입니다.

어린아이가 넘어져서 무릎을 다쳤을 때 부모가 "왜 조심하지 않았어? 다음부터는 조심해야지" 하고 잔소리한다면 아이는 더 슬퍼질 것입니다. 하지만 부모가 안아주고 "많이 아프지? 아빠도 마음이 아프네" 하며 함께 아파해준다면 아이는 위로받을 것입니다. 진정한 긍휼은 이런 것입니다.

동생을 교통사고로 잃고 완전히 무너져 술에 절어 살던 저는 어머니의 권유로 마지못해 일대일 양육을 받기로 했지만 '누구든지 걸리기만 해봐라!'

하는 심정이었습니다.

그런 저를 양육하기로 한 목사님이 다가와 다른 어떤 말 없이 그저 저를 꽉 껴안고 울며 기도했습니다. 술주정뱅이에 사람들에게 고함치는 쓸모없는 인간, 어떻게 이런 나를 위해 울어주며 "제가 죽어서 이 형제가 살 수 있다면 그렇게라도 하여주시옵소서!"라고 기도할 수 있는지 이해할 수 없었습니다. 그 긍휼 덕분에 저는 회복으로 나아갈 수 있었습니다.

그로부터 약 20년이 지난 후, 저는 대구에서 선교회를 개척했습니다. 사무실이 없어 자리를 알아보고 있을 때, 극동방송 중보기도 모임에서 만났던 정신병원 이사장님이 1층 사무실 한 곳을 무료로 임대해주셨습니다. 그 병원에서는 알코올 중독자 185명이 입원 치료를 받고 있었습니다. 지금 생각해보면, 하나님께서 저를 그곳에 두신 이유가 명확합니다. 20년 전 제가 받았던 긍휼을 이제 다른 사람들에게 흘려보내야 할 때였던 것입니다.

가끔 환우분들이 선교회 사무실에 방문하기도 했는데 그분들에게 공통된 특징이 있었습니다. 제가 악수를 청하면 다들 악수를 하지 않고 손을 뒤로 빼며 "제 손은 너무 더럽습니다"라고 말했습니다. 그들의 눈빛에는 수치심과 자괴감이 가득했습니다. 세상으로부터 버림받았다는 생각, 자신은 쓸모없는 존재라는 생각이 그들을 짓누르고 있었습니다. 20년 전의 제 모습이 바로 그랬습니다.

그럴 때마다 저는 "아닙니다. 당신은 소중한 사람입니다. 하나님께서 당신을 사랑하십니다"라며 그들을 안고 축복해주었습니다. 그러면 어떤 분들은 당황해서 "제 몸에서 냄새가 많이 납니다"라고 했는데, 그러면서도 내심 좋았는지 제게 고맙다고 말했습니다.

어떤 분들은 술이나 약에 취해서 자기 몸을 잘 통제하지 못했기 때문에 옷은 더럽고, 몸에는 오물이 묻어있어 심한 냄새가 났습니다. 안아주고 나면 제 옷에도 냄새가 배고 그 냄새는 씻어 없애기도 힘들 정도였습니다.

그런 그들을 악수하고 안아주었더니 마음의 문을 열고 사무실을 방문하는 환우들이 늘어나기 시작했습니다. 그들은 누군가 자신을 받아준다는 것, 자신을 거부하지 않는다는 것에 감사해했습니다.

어느 날 사역을 마친 후 너무 피곤해서 거실 소파에 주저앉아 있는데 옷과 몸에서 악취가 올라왔습니다. 그런데 문득 이 악취가 매우 익숙한 냄새라는 것을 깨닫게 되었습니다. 바로 20년 전의 제 냄새였습니다. 동생의 억울한 죽음에 복수할 수도 없는 저 자신이 너무 싫어서 아무 소망 없이 술만 마시다가 취해서 제가 토한 토사물 위에 엎드려 쓰러져 있었던, 세상과 하나님을 원망하며 탄식하고 절규하던 그 당시 저의 냄새였습니다.

그때는 사람들이 저를 피해 다녔고, 저도 저 스스로 더러운 사람이라고 생각해 사람들에게서 멀어지려고 했습니다. 그런데 이제는 긍휼의 하나님께서 은혜를 내려주셔서, 가족에게도 버림받고 사회에서도 버림받았다는 큰 상처를 입은 알코올 중독자들을 잠시나마 안아줄 수 있는 사람으로 변화시켜주셨습니다. 20년 전 저를 안아주고 함께 울어준 목사님처럼, 이제는 제가 다른 사람들을 안아주고 함께 울어줄 수 있게 된 것입니다. 주님이 하셨습니다! 할렐루야!

나의 아픔을 주님을 향한 소망의 삶으로 바꾸신 주님! 이 주님이 바로 우리의 주님이십니다. 고통 가운데 있는 당신에게도 소망의 주님이 함께하십니다. 그 고통에서 건져질 당신은 똑같은 고통에서 신음하고 있는 자들에게 긍휼하신 하나님의 손과 발이 될 줄로 믿습니다.

하나님의 긍휼을 경험한 자가 다른 이들에게 긍휼을 베풀고, 그 긍휼을 받은 자가 또다시 다른 이들에게 긍휼을 베풉니다. 높은 산의 샘물이 계곡을 따라 흘러내리듯, 샘에서 시작된 물은 첫 번째 웅덩이를 채우고 넘쳐흘러 두 번째 웅덩이로, 다시 세 번째 웅덩이로 계속 흘러갑니다. 긍휼도 이렇게 흘러갑니다. 이 연결고리는 계속됩니다. 하나님의 긍휼을 경험한 사람은 그 긍휼을 다른 사람에게 흘러보내게 되어 있습니다.

하나님께서 "너희도 자비로운 자가 되라"라고 명령하신 이유는 명확합니다. 우리가 먼저 그분의 긍휼을 경험했기 때문입니다. 우리는 긍휼을 받은 자로서 긍휼을 베푸는 자가 되어야 합니다.

이것은 빚진 자의 마음과 같습니다. 누군가에게 큰 빚을 탕감받은 사람이 다른 사람의 작은 빚을 용서해주지 않는다면 그것은 얼마나 잘못된 일입니까? 예수님도 마태복음 18장에서 이런 비유를 들어 가르치셨습니다.

우리는 하나님께 엄청난 빚을 졌습니다. 우리의 모든 죄를 용서받았습니다. 그러므로 다른 사람들에게도 긍휼을 베풀어야 합니다. 이것은 선택이 아니라 필수입니다.

진정한 긍휼의 특징

행함이 있는 긍휼, 진정한 긍휼은 다음과 같은 특징을 가집니다.

• 불쌍히 여기는 마음 : 단순한 동정이 아닌 아버지의 마음

동정과 긍휼은 다릅니다. 동정은 위에서 아래를 내려다보는 것입니다. "저 사람 불쌍하네" 하고 거리를 두고 바라보는 것입니다. 하지만 긍휼은 같은 눈높이에서, 때로는 더 낮은 곳에 내려가서 함께하는 것입니다.

저의 일대일 양육자 목사님은 저를 동정하지 않았습니다. 함께 울어주고 제 아픔을 자신의 아픔처럼 느꼈습니다. 그것이 아버지의 마음입니다.

• 함께함 : 말이 아닌 존재로 함께하는 것

때로는 말보다 침묵이, 가르침보다 함께함이 더 큰 위로가 됩니다. 아픔 속에 있는 사람에게 필요한 것은 "이렇게 해라, 저렇게 해라" 하는 조언이 아닙니다. '나는 혼자가 아니구나, 누군가 나를 이해해주는구나'라는 느낌입니다. 그것을 주는 것이 바로 함께함입니다.

• 희생 : 자신의 편안함을 포기하고 섬기는 것

제가 알코올 중독자들을 안아주었을 때 제 옷에는 냄새가 배고, 씻어도 잘 지워지지 않았습니다. 편안함을 포기해야 했습니다. 하지만 그것이 진정한 긍휼입니다.

예수님도 하늘의 영광을 버리고 이 땅에 오셨습니다. 우리와 같은 모습으로 우리와 함께하기 위해 오셨습니다. 이에 대해 성경은 "오히려 자기를 비워 종의 형체를 가지사 사람들과 같이 되셨고 사람의 모양으로 나타나사 자기를 낮추시고 죽기까지 복종하셨으니 곧 십자가에 죽으심이라"(빌 2:7,8)라고 말씀합니다. 이것이 긍휼의 본질입니다. 자신을 낮추고, 자신의 편안함을 포기하고, 고통받는 자들과 함께하는 것입니다.

• 인내 : 오랜 시간 포기하지 않고 함께하는 것

긍휼은 일회성이 아닙니다. 제 양육자 목사님은 저를 한 번 안아주고 끝낸 것이 아니라 계속해서 저를 양육하고 돌봐주었습니다. 제가 변화될 때까지, 아니 그 이후에도 함께해주었습니다. 진정한 긍휼은 인내를 요구합니다. 한 번 도와주고 끝나는 것이 아니라 그 사람이 회복될 때까지 때로는 평생을 함께하는 것입니다.

혹시 지금 당신도 고통 속에 있습니까? 이해받지 못하는 아픔이 있습니까? 상처로 인해 힘들어하고 있습니까? 그렇다면 이것을 기억하십시오. 하나님은 당신의 그 상처를 헛되이 하지 않으실 것입니다. 당신이 겪은 고통은 언젠가 같은 고통을 겪는 다른 사람을 위로하고 치유하는 도구가 될 것입니다.

> 찬송하리로다 그는 우리 주 예수 그리스도의 하나님이시요 자비의 아버지시요 모든 위로의 하나님이시며 우리의 모든 환난 중에서 우리를 위로하사 우리로 하여금 하나님께 받는 위로로써 모든 환난 중에 있는 자들을 능히 위로하게 하시는 이시로다 고후 1:3,4

하나님께서 우리를 위로하시는 이유는 단순히 우리를 기분 좋게 하려는 것이 아닙니다. 우리가 받은 그 위로로 다른 사람들을 위로하게 하십니다.

제가 알코올 중독자들을 이해할 수 있었던 것은 저도 그런 삶을 살았기 때문입니다. 제가 그들을 안아줄 수 있었던 것은 20년 전 누군가가 저를 안아주었기 때문입니다. 제가 그들의 '더러운 손'을 거절하지 않은 것은 저도 사람들에게 '더러운 사람'으로 취급받은 경험이 있기 때문입니다. 하나님께 위로받은 자가 다른 이들을 위로하는 자가 되는 것입니다.

술주정뱅이, 복수심에 불타는 사람으로 살았던 저의 20년은 헛되지 않았습니다. 그 시간 덕분에 알코올 중독자들의 눈빛 속에서 저의 옛 모습을 볼 수 있었고, 그들의 아픔을 진정으로 이해할 수 있었기 때문입니다.

당신도 지금은 아프고 힘들지만, 언젠가 그 상처가 다른 사람을 치유하는 도구가 될 것입니다. 지금 당신이 겪는 고통은 헛된 것이 아닙니다. 하나님은 그 고통을 통해 당신을 준비시키고 계십니다. 미래에 당신이 만날 누군가를 위한 준비 과정입니다. 그래서 당신이 지금 겪고 있는 그 고통과 상처는 미래에 누군가에게 가장 큰 선물이 될 것입니다. 당신만이 그 사람의 아픔을 진정으로 이해할 수 있을 것이기 때문입니다.

하나님은 우리 각자가 받은 긍휼을 다른 사람에게 흘려보내, 이 긍휼의 사슬이 끊어지지 않고 계속 이어지기를 원하십니다. '나는 그렇게 큰 긍휼을 베풀 수 없어'라는 생각이 드시나요? 괜찮습니다. 처음부터 큰일을 할 필요는 없습니다. 작은 것부터 시작하세요. 누군가의 말을 진심으로 들어주는 것, 함께 울어주는 것, "당신은 혼자가 아니에요"라고 말해주는 것만으로도 충분합니다.

제가 알코올 중독자들에게 했던 것도 특별한 게 아니었습니다. 그들을 거부하지 않고 그들의 손을 잡아주고 안아주었을 뿐인데 그것이 그들에게는 큰 위로가 되었습니다. 당신도 할 수 있습니다. 당신이 받은 그 사랑, 그 위로, 그 긍휼을 다른 누군가에게 흘려보낼 수 있습니다.

이제 우리 차례입니다. 우리가 받은 긍휼을 다른 사람들에게 흘려보낼 차례입니다. 우리에게 "너희도 자비로운 자가 되라"라고 명령하시는 하나님의 음성에 순종할 차례입니다. 당신은 하나님의 긍휼을 경험한 자로서, 이제 다른 사람에게 긍휼을 베풀 준비가 되셨습니까?

❶ 내게 긍휼을 베풀어준 이는 누구인가?

당신의 삶에 긍휼을 베풀어준 사람이 있습니까? 말이 아닌 존재로 함께해주고 함께 울어준 사람이 있습니까? 그 사람을 통해 어떤 긍휼을 경험했으며, 그 경험이 당신을 어떻게 변화시켰습니까?

❷ 긍휼을 흘려보낸 경험

당신이 받은 긍휼을 다른 사람에게 흘려보낸 경험이 있습니까? 구체적으로 언제, 어떻게, 누구에게 그렇게 했습니까? 그때 어떤 마음이었고, 그 경험을 통해 무엇을 배웠습니까?

❸ "더러운 손"이라며 자신을 거절하는 사람

당신의 주변에 자신을 '더러운 사람', '쓸모없는 사람'이라고 여기며 스스로를 거절하는 사람이 있습니까? 그들에게 어떻게 다가갈 수 있을까요? 구체적으로 무엇을 할 수 있을까요?

④ **상처가 자원이 되는 경험**

당신의 과거 아픔과 상처가 지금 누군가를 이해하고 도울 수 있는 자원이 된 경험이 있습니까? 혹은 아직 그런 경험이 없다면, 당신의 어떤 상처가 미래에 누군가를 도울 수 있는 자원이 될 수 있다고 생각하십니까?

⑤ **행함이 있는 긍휼의 실천**

이번 주에 네 가지 긍휼의 특징(불쌍히 여기는 마음, 함께함, 희생, 인내) 중 하나를 구체적으로 실천할 방법이 있습니까? 누구에게, 어떻게 긍휼을 베풀 수 있을까요?

일상에서 실천하는 긍휼의 작은 시작들

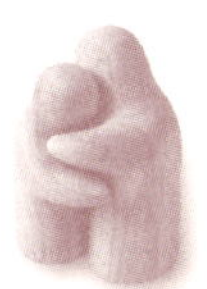

이제 우리가 긍휼을 베풀 차례입니다

지금까지 우리는 긴 여정을 함께 걸어왔습니다. 하나님의 긍휼이 무엇인지, 아버지 하나님과 예수님, 성령님이 어떤 방식으로 우리를 사랑하시고 불쌍히 여기시는지 배웠습니다. 그 긍휼을 경험한 사람의 마음이 어떻게 변하고 새로운 삶을 살아가는지, 한 사람이 받은 긍휼이 어떻게 다른 사람들에게 흘러가는지도 보았습니다. 이제 가장 중요한 질문이 남았습니다.

"어떻게 우리도 그렇게 살 수 있을까?"

하나님께서 "너희도 자비로운 사람이 되라"라고 말씀하셨습니다. 그런데 어떻게 그 말씀대로 살 수 있을까요? 매일 학교 가고, 출근하고, 집에 돌아오고, 교회에 가는 평범한 일상 속에서 어떻게 긍휼을 베푸는 삶을 살 수 있을까요?

저는 살아오면서 세 가지 중요한 원리를 배웠습니다.

첫째, 나의 복음이 있어야 합니다.

둘째, 성령님에게 순종해야 합니다.

셋째, 사랑에 기초한 긍휼을 실천해야 합니다.

이 세 가지는 긍휼의 삶을 사는 데 없어서는 안 되는 것들입니다. 하나라도 빠지면 진정한 긍휼을 실천하기가 무척 어렵습니다. 이번 장에서는 이 세 가지를 하나씩 구체적으로 살펴보겠습니다.

나의 복음이 있어야 한다

나의 복음과 예수 그리스도를 전파함은 영세 전부터 감추어졌다가 이제
는 나타내신 바 되었으며 영원하신 하나님의 명을 따라 선지자들의 글로
말미암아 모든 민족이 믿어 순종하게 하시려고 알게 하신 바 그 신비의
계시를 따라 된 것이니 이 복음으로 너희를 능히 견고하게 하실 지혜로
우신 하나님께 예수 그리스도로 말미암아 영광이 세세무궁하도록 있을
지어다 아멘 **롬 16:25-27**

'나의 복음'을 이해하려면 먼저 두 가지 종류의 앎을 구분해야 합니다.

첫째는 머리로 아는 것입니다. 예를 들면, 우리는 모두 '불은 뜨겁다'라는
것을 압니다. 책에서 읽었고 다른 사람들에게 들었기 때문입니다. 이것은
누구나 인정하는 사실입니다. 이런 것을 객관적인 지식이라고 합니다.

둘째는 경험으로 아는 것입니다. 실제로 불에 손을 대본 적이 있다면 뜨
겁다는 것을 온몸으로 느끼게 됩니다. 그 순간의 아픔과 놀람을 생생하게
기억합니다. 이것은 나만의 경험으로, 이런 것을 주관적인 경험이라고 부릅
니다.

복음에도 두 가지가 있습니다. 객관적인 복음과 나의 복음입니다.

객관적인 복음은 성경에 기록된 역사적 사실입니다. "예수 그리스도께서
십자가에서 죽으시고 사흘 만에 부활하셨다"(고전 15:3,4)라는 기록은 2천

년 전 예루살렘에서 실제로 일어난 사건입니다. 교회에 다니는 사람이라면 누구나 한 번쯤은 들어본 이야기이고 누구나 성경을 읽으면 이 사실을 알 수 있습니다.

'나의 복음'은 그 객관적인 사실이 나의 개인적인 경험이 되는 것을 말합니다. '예수 그리스도께서 바로 나를 위해 십자가에서 죽으시고 부활하셨다'라는 것을 마음 깊은 곳에서 깨닫고 경험하는 것입니다. 그저 '그런 일이 있었구나' 하고 아는 것이 아니라 '그것이 바로 나를 위한 것이었구나' 하고 가슴으로 느끼는 것입니다.

우리는 이미 이와 관련된 내용을 배웠습니다. 하나님의 긍휼을 경험하는 것, 진정으로 회개하는 것, 용서를 받고 다른 사람을 용서하는 것, 회개에 합당한 열매를 맺는 것. 이 모든 것의 출발점은 바로 '나의 복음'입니다. 객관적인 진리가 나의 이야기 될 때, 비로소 긍휼의 삶을 살 수 있게 됩니다.

앞에서(6장) 언급했듯이 저는 2004년 봄에 '나의 복음'을 경험했습니다. 출애굽기를 읽다가, 하나님께서 그토록 많은 기적을 보여주셨는데도 계속 원망하고 불평하는 이스라엘 백성이 이해되지 않고 그들이 정말 너무한 것 같아서 화가 난 채로 한 기도회에 참석했습니다.

그때 하나님께서 제가 받은 은혜들을 하나하나 기억나게 하셨습니다. 일곱 살 때 비를 그치게 해달라고 기도했을 때 정말로 비가 그친 일, 아버지가 3개월 시한부 선고를 받았지만 2년을 더 사신 일, 어머니의 신장이식을 통해 가족들에게 복음을 전하게 된 일 등 그동안 제가 잊고 있었던 하나님의 크고 작은 은혜들이 파노라마처럼 지나갔습니다.

그러자 저는 제가 이스라엘 백성보다 더 많은 은혜를 받고도 더 많이 원망하고 불평했다는 것, 나 역시 하나님의 은혜를 쉽게 잊어버리고 힘든 일이 생기면 불평하는 사람이라는 것을 깨달았습니다. 그 순간 지금까지 객관적으로 알고 있던 복음이 '나의 복음'이 되었습니다. 예수님의 십자가가 바로 나를 위한 것이었음을 머리가 아닌 가슴으로 깨달았습니다. 마치 불에 손을 댔을 때처럼 온몸으로 그 사랑을 느꼈습니다.

"예수님은 그리스도이십니다! 살아계신 하나님의 아들이십니다! 제 인생의 주인과 왕은 바로 예수 그리스도이십니다!"

이 고백이 입술만이 아니라 마음 깊은 곳에서 우러나왔습니다. 그동안 수없이 고백했던 말이지만, 그날은 달랐습니다. 그날은 진심이었습니다.

왜 '나의 복음'이 중요할까요? 자신이 얼마나 큰 사랑을 받았는지 깨달은 사람만이 다른 사람에게도 그 사랑을 나누어줄 수 있기 때문입니다.

마태복음 18장에는 왕에게 엄청난 빚을 탕감받은 종이 나옵니다. 그런데 그는 밖에 나가자마자 자신에게 적은 빚을 진 동료의 목을 잡으며 내 돈을 당장 갚으라고 소리쳤습니다. 왜 그랬을까요? 자신이 얼마나 큰 빚을 탕감받았는지 진정으로 깨닫지 못했기 때문입니다. 그에게는 빚 탕감이 머리로만 아는 사실이었지, 가슴으로 느끼는 감사가 아니었던 것입니다.

하나님께 얼마나 큰 사랑과 용서를 받았는지 진정으로 깨닫지 못하면 다른 사람에게 긍휼을 베풀기가 매우 어렵습니다. 사랑하고 용서해야 한다는 것을 머리로는 알지만, 마음이 따라가지 않고 실천하기가 힘듭니다.

하지만 '나의 복음'이 있는 사람은 다릅니다. '하나님께서 나 같은 사람도 용서하셨는데, 내가 어떻게 다른 사람을 용서하지 않을 수 있을까?'라는 마음이 자연스럽게 생깁니다. 억지로 용서하는 것이 아니라, 용서하고 싶은 마음이 우러나옵니다.

이것이 제가 동생을 죽인 사람들을 용서할 수 있었던 이유입니다. 제힘으로는 절대 불가능한 일이었습니다. 아무리 애를 써도 그들을 용서할 수 없었을 것입니다. 하지만 하나님의 사랑을 경험한 후에는 가능했습니다. 그 사랑이 제 마음을 녹였기 때문입니다.

성령님에게 순종하라

'나의 복음'을 경험한 그 순간, 제 마음 가운데 뜨거운 무언가가 올라오고 제 안에서 탄식하는 소리가 들리면서 제 입술은 제가 상상도 할 수 없는 기도를 하나님께 올려드리고 있었습니다. 제 동생을 죽인 사람들을 용서한다는 기도였습니다. 그들도 예수님을 영접하고 주님 안에서의 참 기쁨과 자유함을 누리게 해달라는 기도였습니다.

몇 분 전만 해도 동생을 죽인 사람들에 대한 복수심으로 가득했던 제가 그들의 구원을 위해 진심으로 기도하고 있었습니다. 이것은 제가 제 의지나 결심으로 '용서해야지' 하고 마음먹어서 된 일이 아니었습니다.

이와 같이 성령도 우리의 연약함을 도우시나니 우리는 마땅히 기도할 바를 알지 못하나 오직 성령이 말할 수 없는 탄식으로 우리를 위하여 친히 간구하시느니라 롬 8:26

저는 그것이 제 의지로 한 것이 아니라 성령님의 도움으로 한 기도임을 믿습니다. 제힘으로는 절대 불가능한 기도였고, 아무리 '용서해야지, 용서해야지' 하고 다짐해도 안 되던 일이었습니다.

성령께서 저를 불쌍히 여기셔서 함께해주셨습니다. 제가 용서하지 않으면 분노와 미움의 노예가 되어 피폐한 삶을 살아야 한다는 것을 아시기 때문에 저를 도와서 진리로 자유함을 누리게 해주신 것입니다.

20년이 지난 지금도 저는 여전히 성령님을 의지합니다. 원수 같은 사람들을 용서했다고 해서 다른 사람들을 쉽게 용서하거나 사랑할 힘이 제게 자동으로 생긴 것은 아닙니다. 저는 여전히 연약해서 여전히 화가 나고 미운 마음이 생깁니다. 그래서 화가 나는 상황을 만나고 용서하기 힘든 일을 겪을 때마다 성령님에게 기도합니다.

"주님! 저는 정말 용서하기 힘듭니다. 저의 힘으로는 안 됩니다. 그러나 주님의 뜻대로 용서하기를 원하오니 성령님이 저를 도와주세요! 제 마음과 입술로 죄를 범하지 않도록 지켜주세요!"

이것이 긍휼의 삶을 사는 두 번째 비밀입니다. 내 힘으로는 안 된다는 것을 인정하고 성령님에게 의지하는 것입니다. 이것은 약함을 인정하는 것이 아니라 진짜 강함으로 가는 길입니다. 우리는 모든 인간관계 속에서 늘 성령님의 도움을 구해야 합니다.

진정 의지한다면 순종하게 된다

성령님에게 의지하는 것과 순종은 함께 갑니다. 저는 이것을 교회에서 간 제주 선교여행에서 배웠습니다. 제대 후 법대에 편입하여 사법고시를 준비할 때 어머니께서 제주 단기선교여행에 참여해보라고 권하셨습니다. 공부에 집중해야 할 때라서 처음에는 거절하려 했는데 제가 마음에 두고 있던 자매가 그 선교여행에 간다는 것을 알고 마음이 흔들렸습니다.

하지만 저는 여전히 하나님을 온전히 신뢰하지 못했고, 가끔 음주, 흡연도 하는 사람이었습니다. 이런 모습으로 선교여행에 간다는 것이 위선으로 느껴져 양심상 도저히 그냥 갈 수는 없어서 간절히 기도했습니다.

'선교여행 기간인 4박 5일 동안만이라도 당신께 순종하겠습니다! 죽으라면 죽기까지 하겠습니다. 목사님이 가르쳐주시는 것들을 제가 다 순종하겠습니다! 저를 사용해주세요!'

120여 명의 청년이 제주도에 가서 2인 1조로 무전 전도 여행을 했습니다. 무전(無錢) 전도란 돈 한 푼 없이 다니면서 복음을 전하고, 하나님께서 공급해주시는 것으로 생활하는 것을 말합니다.

저는 하나님께 약속한 대로, 목사님에게 배운 것들을 순서대로 행했습니다. 가르쳐주신 대로 기도하고, 길가를 걸으며 그 땅을 축복하고 그곳에 있는 영혼들을 달라고 기도했습니다. 무더운 7월 말이었지만 가는 곳마다 맨땅에 무릎 꿇고 기도했습니다. 무릎이 까지고 아팠지만 계속했습니다.

그러던 중 팔에 문신이 가득하고, 여자와 팔짱을 끼고 걸어오는 한 남자가 보였습니다. 계속 기도하고 있는데 갑자기 그에게 복음을 전하라는 마음이 강하게 들었습니다. 전도 파트너에게 "저 사람에게 복음을 전해야 할 것 같아요"라고 하자 파트너가 당황했습니다.

"형제님, 잘못 들으신 것 같아요. 저 사람은 위험해 보이잖아요."

다시 기도해도 여전히 전도하고 싶은 마음이 불같이 일어났습니다. 어차피 하나님께 약속했으니까 가야 한다고 생각했습니다. 깡패들과도 맞서 싸워봐서 육체적인 위험은 문제가 아니었고, 하나님과의 약속을 지키는 것이 중요했기에 그분이 주시는 감동에 순종하기로 마음먹고 앞장서서 전도하러 갔습니다.

"저는 전라도 광주에서 온 지현호 형제라고 합니다! 복음을 전하려고 합니다!"

"뭐라고라! 전라도에서 왔다고라! 흐미, 고향 사람이네잉! 반갑소! 근디 뭐를 전한다 했소?"

"고향 사람이라서 정말 반갑네요! 그냥 저를 따라서 기도하면 됩니다."

저는 그 커플의 손을 잡고 맨땅에 무릎을 꿇고 기도했습니다. 당시 광주 월광교회 담임이셨던 김유수 목사님에게 배운 전도 원칙은 절대 상대방의 눈높이보다 위에서 전도하지 말라는 것이었습니다. 상대방을 내려다보면 그들의 마음 문이 닫히지만, 상대보다 낮아지면 그들의 마음이 열립니다.

기도를 시작하는 순간, 이상한 일이 일어났습니다. 제 안에 그 문신 남자를 불쌍히 여기는 마음이 솟아올랐습니다. 그가 어떤 상처와 아픔 속에서 살아왔을지 생각하니 눈물이 나 저도 모르게 울면서 기도했습니다.

기도를 마치고 눈을 떠보니 놀라운 모습이 보였습니다. 그 문신 남자도 제 앞에 무릎을 꿇고 울고 있었습니다. 옆의 여자는 쪼그리고 앉아 더 많이 울고 있었습니다. 눈화장이 완전히 번져 검은 눈물을 흘리는 것처럼 보였지만, 아랑곳하지 않았습니다. 그 모습이 오히려 진실하게 느껴졌습니다.

"고맙소, 고향 사람! 이제 내가 무엇을 해야 하나요?"

저는 가까운 교회에 다니라고 말했고 그는 꼭 가보겠다고 약속했습니다.

이 일 이후 제주대학교에서도 비슷한 경험을 했습니다. 폭주족으로 보이는 중고등학생을 전도할 때 그들 중 한 아이를 붙잡고 기도하는데 또다시 제 안에서 설명할 수 없는 긍휼의 마음이 일어났습니다.

'이 아이는 왜 이 길로 들어섰을까? 어떤 상처가 있었을까?'

그 생각을 하니 가슴이 먹먹해지고 눈물이 나서 울며 그 아이를 위해 기도했습니다. 기도를 마치자 그 아이도 눈물을 흘리며 교회에 다니겠다고 했습니다.

두 경험 모두 제가 계획한 게 아니었습니다. 다만 기도하는 중에 하나님께서 그들을 향한 긍휼의 마음을 부어주셔서 그 마음으로 울며 기도했을 뿐입니다. 그런데 그 진심이 그들의 마음을 움직인 것 같았습니다.

돌이켜보니 하나님의 생각은 제 생각과 완전히 달랐습니다. 솔직히 고백하자면, 저는 깡패나 불량청소년들을 보면 '저런 사람들은 감옥에 가야 사회가 평안할 텐데'라고 생각했습니다. 그들은 단순히 제 삶과 무관한 사람들이 아니라 사회에 해악을 끼치는 존재였습니다.

저는 그들을 없어져야 할 사람들로 여겼지만 하나님은 전혀 다르게 보셨습니다. 그분의 눈에는 그저 '복음이 필요한 영혼'이었습니다. 제거해야 할 존재가 아니라 구원받아야 할 사람이었습니다.

저는 내키지 않았지만 순종했습니다. 하나님께서 보내시는 곳으로 가서 그들에게 다가가 기도했더니 놀라운 일이 일어났습니다. 기도하는 중에 제 안에 그들을 향한 긍휼의 마음이 솟아올랐습니다. 조금 전까지 '사회의 해악'이라고 생각했던 제가 그들의 아픔과 상처를 생각하며 울었습니다. 이것은 제가 만들어낸 감정이 아니고, 제가 '불쌍히 여기자' 하고 애쓴 결과도 아니었습니다. 분명히 하나님께서 부어주신 마음이었습니다. 그때 이 말씀이 새롭게 다가오며 그 의미가 깨달아졌습니다.

우리는 이 일에 증인이요 하나님이 자기에게 순종하는 사람들에게 주신 성령도 그러하니라 하더라 행 5:32

하나님은 '순종하는 자'에게 성령을 주십니다. 성령님은 순종의 자리에서 일하십니다. 제가 "이해가 안 되지만 순종하겠습니다"라고 말하며 한 걸음

내디딜 때 성령께서 제 마음에 긍휼을 부어주셨습니다.

이것이 제가 깨달은 긍휼의 삶을 사는 비밀입니다. 긍휼은 '나도 불쌍히 여겨야지' 하고 마음먹는다고 되는 게 아닙니다. 제힘으로 만들어낼 수 있는 감정이 아니고, 책을 읽거나 훈련받아서 습득할 수 있는 기술도 아닙니다. 제가 할 수 있는 것은 단 하나, 하나님께 순종하는 것뿐입니다.

순종하여 그분이 보내시는 곳으로 갑니다. 내키지 않아도 순종하여 무릎 꿇고 기도합니다. 이해되지 않아도 순종하여 그분의 말씀을 따릅니다. 그러면 성령님이 긍휼의 마음을 부어주십니다. 나머지는 성령님이 하십니다. 이것이 복음의 능력입니다. 우리가 순종으로 한 걸음 내디딜 때 하나님께서 성령으로 우리 안에 새로운 마음을 주시는 것입니다.

사랑에 기초한 긍휼

긍휼의 삶을 살기 위한 세 번째 원리는 사랑입니다. 진정한 긍휼은 목숨을 버리는 사랑에 기초합니다. 이것은 단순히 감정적인 동정이나 일시적인 도움이 아니며, 필요하다면 목숨까지도 내어놓을 수 있는 사랑입니다.

위험한 상황이 닥치면 부모는 본능적으로 자기 몸을 던져 자녀를 보호합니다. 자신이 다치더라도 자녀만은 지키려 하고, 자녀를 위해서라면 자신의 생명도 기꺼이 내어놓을 수 있습니다. 하나님의 사랑도 이와 같습니다. 하나님은 우리를 위해 독생자 예수님을 이 땅에 보내주셨습니다. 그리고 예수님은 우리를 위해 십자가에서 목숨을 버리셨습니다. 우리를 살리기 위해서 자신이 죽으신 것입니다.

2007년, 저는 A국 단기선교 영어캠프의 팀장이 되었습니다. 선교 훈련이 시작되면서 마음속에 무거운 부담감을 느끼기 시작했습니다.

'나는 그 나라에 대해 아는 것이 없다. 전문성도 없다. 전문적인 지식과 언어를 배우는 것도 중요하다. 그런데 그러기에는 시간이 너무 없다. 그렇다면 어떻게 하는 것이 최선일까?'

고민하던 중에 그 땅을 향한 하나님 아버지의 마음을 아는 것이 가장 중요하다는 생각이 들어 그때부터 매일 새벽 2시간 이상씩 그 나라를 위해 기도하기 시작했습니다. 그 땅을 향한 아버지의 마음을 제게 보여달라는 제목으로 매일 기도했습니다.

보름쯤 지났을 때 놀라운 일이 일어났습니다. 기도하던 중에 갑자기 큰 슬픔이 밀려왔습니다. 마치 머리끝부터 발끝까지 서서히 내려오는 깊은 비통함의 마음이 느껴졌습니다. 그 슬픔이 얼마나 큰지 소리쳐 울 수도 없었습니다. 그저 신음하고 깊은숨을 내쉬며 탄식할 수밖에 없었습니다. 제 모습이 마치 동생을 잃었을 때 숨도 제대로 못 쉬고 신음만 하시던 어머니의 모습처럼 느껴졌습니다.

'아! 어머니의 슬픔이 이런 것이었구나! 자식을 잃은 슬픔이 이런 것이구나!'

이것을 깨닫게 되었을 때, A국과 그 나라에 인접한 B국을 향한 하나님 아버지의 마음을 조금이나마 깨달을 수 있었습니다. 하나님께서 그 나라 사람들을 얼마나 사랑하시는지, 그들이 복음을 듣지 못하는 것을 얼마나 안타까워하시는지 느낄 수 있었습니다.

그것을 깨닫고 저는 짐승처럼, 미친 사람처럼 울부짖으며 엉엉 울기 시작했습니다. 그리고 이후로는 밥을 먹다가도, 공부하다가도 하나님의 마음이 느껴질 때마다 눈물을 흘렸습니다. 그 두 나라를 생각만 해도 눈물이 흘러내리는 것을 막을 수 없었습니다. 제 마음이 아니라 하나님의 마음이 제 안에 있는 것 같았습니다.

A국에 들어가 사역할 때의 일입니다. 주일이 되어 외국인들만 모여서 예배드리는 곳에 갔습니다. 예배를 마치고 나오는데 어떤 분이 조심스럽게 다가와 말을 걸었습니다.

"선생님, 기도해보시고 혹시 저희를 도울 수 있으면 도와주시면 좋겠어요. 그런데 제가 누군지, 어떤 사역을 하는지 묻지 마시고 알려고도 하지 마세요. 기도해보시고 하나님께서 마음 주시면 이 번호로 연락해주세요!"

그는 제게 전화번호만 남기고 어디론가 바로 사라졌습니다. 이상한 상황이었습니다. 누군지도 모르고, 어디로 가야 하는지도 모릅니다. 전체 디렉터로서 선교팀의 안전도 보장할 수 없었습니다. 상식적으로 생각하면 거절해야 하는 상황이었기에 무시하고 싶었습니다.

하지만 숙소에 도착해서 기도하는데 하나님께서 그 분의 사역을 도우라는 마음을 주셨습니다. 밤새 뜬눈으로 고민하며 기도했습니다.

'어떻게 해야 하나? 위험할 수도 있는데….'

그런데 기도하면 할수록 그 분을 도와야 한다는 마음만 강해졌습니다. 그때 하나님께서 제게 이 말씀을 주셨습니다.

> 그가 우리를 위하여 목숨을 버리셨으니 우리가 이로써 사랑을 알고 우리도 형제들을 위하여 목숨을 버리는 것이 마땅하니라 요일 3:16

아침 모임 시간에 상황을 설명하고, 하나님께서 주신 이 말씀을 팀원들에게 나누자 캐나다 지역 교회 인솔자 목사님이 반응해주셨습니다.

"하나님께서 말씀하셨으니 그 말씀대로 따르겠습니다."

그 분을 따르는 모든 팀원도 그 말씀에 순종하기로 결단했습니다. 다시 말해, 선교 사역 때문에 핍박을 당하거나 혹은 교도소에 갇혀도, 더 나아가서 순교를 당해도 좋겠다는 각오였습니다. 우리 모두 진심이었습니다.

사역 장소에 도착하니 초등학생 아이들 20-30명이 있었습니다. 불안하면서도 어딘가 희망을 찾는 듯한 그 아이들의 눈빛이 아직도 기억납니다. 그들 모두 탈북자의 자녀라는 것을 듣고 놀랐습니다. 현지 책임자는 신분이 발각되면 그 부모들과 사역팀 모두 위험해질 수 있어서 이런 비밀스러운 방식으로 우리를 초대할 수밖에 없었다고 양해를 구했습니다.

하나님은 우리 팀이 모든 일정을 무사히 마칠 수 있게 도와주셨고, 이 일을 통해서 긍휼의 기초는 사랑임을 가르쳐주셨습니다. 그 사랑은 요한일서 3장 16절의 말씀처럼 목숨을 버리는 사랑임을 마음 깊이 배울 수 있었습니다. 진정한 사랑은 위험을 무릅쓰고 자신의 안전보다 상대방을 먼저 생각하는 것입니다.

일상에서의 지속적인 긍휼

선교지에서의 극적인 경험도 물론 중요하지만 더 중요한 것은 일상에서의 지속적인 긍휼입니다. A국 단기선교여행 때 목숨을 버리는 사랑을 배웠지만 사역을 마치고 다시 일상으로 돌아왔을 때는 어떻게 긍휼을 경험할 수 있을까요?

선교여행은 끝나지만, 그 사람들의 삶은 계속됩니다. 우리가 떠난 후에도 그들에게는 여전히 도움이 필요합니다. 그렇다면 선교지에 있는 영혼들을 어떻게 계속 사랑하며 하나님의 긍휼을 나타낼 수 있을까요? 저는 이 고민의 답을 2009년 11월, 밴쿠버에 있는 UBC(University of British Columbia) 대학 캠퍼스 기독교 동아리 모임에서 얻을 수 있었습니다.

그날 강사는 First Steps(북한 아동 지원 비영리 단체) 설립자인 수잔 리치였습니다. 그녀는 금발과 파란 눈을 가진 캐나다인 북한 선교사이고 그녀의 부모님은 대한민국 선교사입니다. 온 가족이 남과 북을 섬기는 귀한 선교사 가정이었습니다.

그래서인지 수잔은 한국어 표준말을 무척 잘했습니다. 30분 동안 한국인보다 더 유창하게 한국어로 사역을 설명하는데 정말 감동적이었습니다. First Steps는 2001년부터 북한 어린이들에게 영양을 공급하는 구호 사업을 하는 단체입니다. 특별히 콩에 관한 이야기는 아직도 제 가슴속에 강렬하게 남아 있습니다.

수잔은 북한에서 굶주림으로 고통받는 어린아이들에게 콩으로 만든 두유를 제공했습니다. 2007년까지는 중국에서 콩을 구입했는데 열어보면 썩은 콩도 섞여 있고 가끔 돌도 들어 있어서 속상한 적이 많았다고 합니다. 그래도 그 콩이라도 있으면 다행이었습니다. 없는 것보다는 나으니까요.

하지만 2007년에 세계적인 식량난이 발생하자 중국 정부가 농산물 수출을 금지해 수잔은 절박한 상황에 직면했습니다. 그 콩마저도 없다면 굶주리는 북한 아이들에게는 소망이 없음을 잘 알기에, 그녀는 긍휼의 마음으로 애통해하며 기도했다고 합니다.

그러던 중 캐나다의 콩을 알아보라는 감동을 받았고, 조사 과정에서 놀라운 사실을 발견했습니다. 캐나다의 콩은 영양가가 월등히 높은 데다 단백질이 46퍼센트나 함유된, 세계에서 가장 좋은 콩이었던 것입니다!

하나님의 방법은 인간의 방법과는 달랐습니다. 일본이 캐나다산 콩을 대량 수입하고 있었기 때문에 운송 루트가 이미 확립되어 있어서 캐나다에서 북한으로 가져가는 콩값이 중국에서 들여오는 가격과 거의 비슷했다고 합니다. 그 결과, 지금은 세계에서 가장 좋은 콩을 북한의 결식아동에게 공급하고 있습니다.

수잔이 보여준 사진을 보니 북한 아이들의 건강 상태가 점점 좋아지는 것을 볼 수 있었습니다. 처음에는 마르고 생기 없던 아이들이 나중에는 살이 오르고 밝은 표정을 짓고 있었습니다. 그 사진을 보다가, 북한의 어린이들에게 썩은 콩이 섞이지 않은, 세계에서 가장 좋은 콩을 주고 싶으셨던 하나님의 마음을 깨달았습니다.

그리고 이 이야기를 통해 하나님의 사랑이 어떤 것인지를 잘 볼 수 있었습니다. 그 사랑은 그분이 가장 소중히 여기는 독생자 예수님을 원수 같은 우리에게 기꺼이 내어주신 위대한 사랑이었습니다. 가장 좋은 것을 주는 사랑, 가장 소중하고 귀한 것을 주는 사랑입니다.

수잔은 "이제 아이들에게 가장 좋은 콩을 줄 수 있어요!"라고 말하며 정말 기뻐했습니다. 마치 자기 자녀에게 가장 좋은 것을 주는 부모의 마음 같았습니다. 가장 좋은 것을 줄 수 있어 기뻐한 수잔의 마음이 바로 하나님의 마음이었습니다. 그녀는 일회성 이벤트로 북한 사람들을 사랑하는 게 아니었습니다. 한 번 가서 도와주고 끝나는 것이 아니라 영원히 함께하시는 하나님의 사랑으로 북한 사람들과 함께하고 있습니다. 하나님의 사랑과 긍휼을 잘 알고 있었기 때문입니다.

그녀 덕분에 저는 일상에서도 북한과 A국 사람들에게 일회성 이벤트로서의 긍휼이 아닌, 영원히 함께하는 긍휼의 정신을 실천할 수 있는 길을 알게되었습니다. 그 이후로는 지속적으로 북한의 선교사님 가정과 A국의 선교사님, 보육원을 기도와 물질로 후원하고 있습니다. 매달 일정 금액을 보내고, 특별한 필요가 있을 때는 추가로 돕습니다. 또한 그분들을 만날 때마다 가장 좋은 것들로 대접해드리고 있습니다.

이것이 바로 사랑에 기초한 긍휼이고 가장 좋은 것을 주는 사랑입니다. 하나님께서 독생자를 주신 것처럼 우리가 가진 것 중에서 가장 좋은 것을 나누는 것입니다. 남는 것이 아니라 소중한 것을 주는 것입니다. 일회성이 아니라 지속적인 사랑, 영원히 함께하는 사랑입니다. 한 번 도와주고 끝나는 것이 아니라 계속해서 관심을 가지고 돌보는 것입니다.

이것이 바로 일상에서의 실천입니다. 선교지에 직접 가지 않아도, 우리가 있는 그 자리에서 할 수 있는 일들이 있습니다. 기도하고, 후원하고, 관심을 가지는 것도 긍휼의 실천입니다.

작은 시작이 큰 변화를 만들어낸다

'나는 수잔 리치처럼 북한을 위해 큰일을 할 수 없어', '나는 A국에 가서 목숨을 걸 수 없어'라고 생각하실 수도 있습니다. 괜찮습니다. 처음부터 큰일을 할 필요는 없습니다. 작은 것부터, 가까운 곳에서부터 시작하세요.

옆 사람의 말을 진심으로 들어주세요. 상대방의 눈을 보며 귀를 기울여주세요. 고통받는 사람과 함께 울어주세요. 그들의 아픔을 함께 느껴주세요. "당신은 혼자가 아닙니다"라고 말해주세요. 어려운 이웃을 위해 기도하고 작은 도움을 주세요. 선교사님들을 위해 기도하고 후원하세요.

이것만으로도 충분합니다. 제가 알코올 중독자들에게 했던 것도 특별한 것이 아니었습니다. 그들의 손을 잡아주고 안아주었을 뿐입니다. 다른 사람들이 피하는 그들을 피하거나 거부하지 않았을 뿐입니다. 하지만 그것이 그들에게는 큰 위로가 되었습니다.

이때 놓치지 말아야 할 한 가지 중요한 사실이 있습니다. 하나님의 긍휼은 믿는 자에게는 영원하지만, 믿지 않는 자들에게는 그 자비가 끊어질 날이 다가오고 있다는 것입니다.

누가복음 6장 35절은 하나님께서 그분의 은혜를 모르는 자와 악한 사람들에게도 인자하시다고 말씀합니다. 지금은 '은혜의 해'입니다. 하나님께서 인자하심으로 모든 사람에게 긍휼을 베푸시는 때입니다. 누구든지 회개하고 주님께 돌아오면 구원받을 수 있는 시간입니다. 아무리 죄가 많고 큰 잘못을 저질렀어도 주님께 돌아오면 용서받을 수 있습니다.

그러나 성경은 예수님이 다시 오실 날이 있다고 분명하게 말씀합니다.

이르되 갈릴리 사람들아 어찌하여 서서 하늘을 쳐다보느냐 너희 가운데서 하늘로 올려지신 이 예수는 하늘로 가심을 본 그대로 오시리라 하였느니라 행 1:11

예수님이 처음 약속대로 이 땅에 오셨던 것처럼, 성경의 약속대로 반드시 다시 오실 것입니다.

예수님은 첫 번째에는 긍휼의 모습으로 오셨습니다. 겸손한 아기로 태어나시고, 죄인들과 함께 식사하시고, 병든 자들을 고치시고, 죄인들을 용서하셨습니다. 누구든지 그분께 나아오는 사람을 받아주셨습니다.

하지만 다시 오실 때에는 왕의 모습, 심판자의 모습으로 오실 것입니다. 그때는 회개할 기회가 없습니다. 은혜의 문이 닫히기 때문에 지금이 중요합니다. 그래서 우리는 지금 살아있는 긍휼을 우리 주변과 선교지에 나타내야 합니다. 시간이 얼마 남지 않았습니다. 오늘 만나는 그 사람이 복음을 들을 마지막 기회일 수도 있습니다.

이 말씀은 예수님이 승천하시기 전에 제자들에게 주신 마지막 명령입니다. 모든 열방 가운데 높임을 받기에 합당하신 그분께서 세상 끝날까지 우리와 함께하신다고 약속하시며 모든 민족을 제자 삼으라고 하신 이유는 무엇일까요? 결국 잃어버린 영혼들이 그들의 참된 주인인 주님께 돌아오기를 바라는 아버지의 마음 때문입니다. 하나님은 한 사람도 잃어버리지 않기를 바라십니다.

긍휼의 삶은 특별한 사람들만의 이야기가 아닙니다. 우리 모두가 살아야 할 삶입니다. 당신이 있는 그 자리가 바로 긍휼을 실천할 수 있는 곳입니다. 가정에서는 가족에게 긍휼을 베푸세요. 부부 사이에, 부모와 자녀 사이에, 형제자매 사이에 긍휼을 베푸세요.

직장에서는 동료들에게 긍휼을 베푸세요. 경쟁자가 아니라 함께 일하는 동역자로 보세요. 교회에서는 성도들에게 긍휼을 베푸세요. 판단하지 말고 이해하려고 노력하세요. 이웃으로 지내는 주변 사람들에게 긍휼을 베푸세요. 관심을 가지고 필요를 살피세요.

작은 시작이 큰 변화를 만들어냅니다. 당신이 누군가에게 베푼 긍휼이 그 사람의 인생을 바꿀 수 있습니다. 그리고 그 사람이 또 다른 사람에게 긍휼을 베풀면 마치 잔잔한 물결이 퍼져나가듯 긍휼의 순환은 계속됩니다.

하나님은 당신을 통해 일하기를 원하십니다. 당신의 '나의 복음', 당신의 경험, 심지어 당신의 상처까지도 사용하기를 원하십니다. 당신이 경험한 아픔이 다른 사람을 위로하는 도구가 될 수 있습니다.

준비되셨습니까? 지금 바로 시작하세요. 오늘, 당신이 만나는 그 사람에게 긍휼을 베푸세요.

소그룹 나눔 질문

1 나의 복음이 있는가?

성경에 기록된 객관적인 복음이 '나의 복음'이 된 경험이 있습니까? 언제 어떻게 그 경험을 했습니까? 그때 무엇을 느꼈습니까? 혹시 아직 그런 경험이 없다면, 하나님의 사랑을 머리로만 알고 있지는 않습니까?

2 성령님에게 의지하는 삶

내 힘으로는 안 된다는 것을 깨달은 적이 있습니까? 그때 어떻게 성령님에게 의지했습니까? 구체적인 경험이 있다면 나누어주세요. 혹시 아직도 내 힘과 의지로만 신앙생활을 하려고 애쓰고 있지는 않습니까?

3 순종의 경험

하나님의 말씀에 순종했을 때 놀라운 일을 경험한 적이 있습니까? 그때 어떤 일이 있었습니까? 혹은 지금 하나님께서 순종하라고 말씀하시는데 두려워서 순종하지 못하는 일이 있습니까? 있다면 무엇 때문에 두려운지 나누어보세요.

4 아버지의 마음을 경험하기

하나님 아버지의 비통한 마음이나 사랑의 마음을 느껴본 적이 있습니까? 어떤 영혼들을 위해 눈물을 흘렸습니까? 그때 어떤 마음이었는지 나누어보세요. 혹은 그런 경험을 갈망하고 있습니까? 누구를 위해 그런 마음을 구하고 싶습니까?

5 일상에서의 실천

일상에서 지속적으로 긍휼을 실천할 수 있는 구체적인 방법이 있습니까? 당신의 일상 속에서, 직장에서, 가정에서, 교회에서 할 수 있는 실천은 무엇입니까? 이번 주에 할 수 있는 작은 긍휼의 실천은 무엇입니까? 구체적으로 정해보세요.

하나님은 우리를 광야로 이끄시며,

그 메마름 속에서 더 깊은 은혜를 가르치십니다.

광야는 실패에 대한 처벌이 아니라,

앎이 삶 되게 하고,

내 계획을 내려놓고 하나님의 길을 걷도록 훈련하는

하나님의 학교입니다.

메마른 곳에서
하나님 만나기

"왜 하나님은 광야로 부르시는가?"

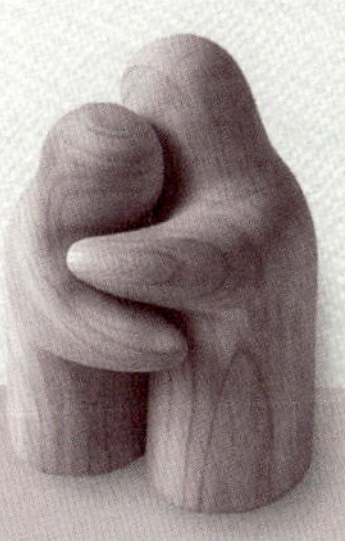

chapter 10 ———

앎이 삶 되게 하는 훈련

진정한 사랑의 의미

긍휼의 하나님을 만난 사람의 마음에는 자연스럽게 두 가지 변화가 일어납니다.

첫 번째 변화는 예배하고 싶은 마음입니다. 하나님의 놀라운 사랑을 경험한 사람이라면 누구나 그 하나님을 사랑하고 싶고, 그분께 감사하고 싶은 마음이 생깁니다. 마치 사랑하는 사람을 만나면 자꾸 그 사람이 생각나고, 그 사람과 함께 있고 싶어지는 것처럼 말입니다. 두 번째 변화는 나눔의 마음입니다. 내가 받은 그 놀라운 긍휼을 다른 사람들에게도 나누어주고 싶은 마음이 생깁니다. 좋은 것을 경험하면 혼자만 간직하기보다는 사랑하는 사람들과 나누고 싶어지는 것이 사람의 마음 아니겠습니까?

그런데 한 가지 중요한 것이 있습니다. 긍휼의 하나님을 만나고 긍휼한 마음을 품었다고 해서 곧바로 온전한 예배자가 되거나 능숙한 사명자가 되는 것은 아닙니다.

아름다운 피아노 연주를 듣고 깊이 감동했다고 해서 그 감동만으로 곧장 그 곡을 연주할 수 있는 것은 아닙니다. 감동은 출발점일 뿐, 그 아름다운 곡을 직접 연주하려면 오랜 연습이 필요합니다. 손가락을 움직이는 법을 배우고, 악보를 읽는 법을 배우고, 리듬과 템포를 익혀야 합니다.

마찬가지입니다. 하나님을 사랑하고 싶은 마음이 생겼다고 해서 곧바로 하나님을 온전히 사랑할 수 있는 것은 아닙니다. 어떻게 주님을 사랑해야 하는지, 어떻게 예배해야 하는지를 배우는 시간이 필요합니다.

다른 사람들에게 긍휼을 베풀고 싶은 마음이 생겼다고 해서 곧바로 그것을 잘 실천할 수 있는 것도 아닙니다. 어떻게 긍휼을 베풀어야 하는지, 어떻게 그 사명을 감당해야 하는지를 배우는 과정이 필요합니다.

하나님을 사랑하는 법, 이웃을 긍휼히 여기는 법을 배우는 것이 바로 광야 훈련입니다. 광야는 우리가 받은 긍휼을 실제 삶에서 어떻게 살아낼 것인지, 하나님의 방식을 배우고 훈련받는 곳입니다.

긍휼은 위에서 아래로 흘러내립니다. 하나님께서 모든 영광을 버리시고, 비천한 우리를 불쌍히 여겨 사랑해주셨습니다. 그렇다면 그 사랑에 어떻게 응답해야 할까요? 우리도 하나님을 사랑해야 하지 않겠습니까?

그렇다면 '사랑'이란 무엇일까요? 진정한 사랑은 어떤 모습일까요?

내가 모든 사람에게서 자유로우나 스스로 모든 사람에게 종이 된 것은 더 많은 사람을 얻고자 함이라 유대인들에게 내가 유대인과 같이 된 것은 유대인들을 얻고자 함이요 율법 아래에 있는 자들에게는 내가 율법 아래에 있지 아니하나 율법 아래에 있는 자 같이 된 것은 율법 아래에 있는 자들을 얻고자 함이요 … 약한 자들에게 내가 약한 자와 같이 된 것은 약한 자들을 얻고자 함이요 내가 여러 사람에게 여러 모습이 된 것은 아무쪼록 몇 사람이라도 구원하고자 함이니 고전 9:19-22

바울은 자신의 방식을 고집하지 않았습니다. 유대인에게는 유대인처럼,

율법 아래 있는 자에게는 율법 아래 있는 자처럼, 약한 자에게는 약한 자처럼 되었습니다. 왜 그랬을까요? 상대방의 입장에서 상대방이 받을 수 있는 방식으로 복음을 전하기 위해서였습니다.

하나님의 긍휼을 보세요. 하나님은 우리를 그분의 수준에서 불쌍히 여기지 않으셨습니다. 만약 하나님의 수준에서만 생각하셨다면, 우리에게 천사를 보내시거나 하늘에서 큰 음성으로 말씀하셨을 것입니다. 하지만 하나님은 그러지 않으시고, 인간의 수준에 완전히 맞추어 긍휼을 베푸셨습니다.

그래서 비천한 인간의 몸으로 이 땅에 오셨고, 한 여인의 몸에 잉태되셨습니다. 화려한 궁전이 아니라 더러운 마구간에서 태어나셨습니다. 당시 아기들을 죽이려 한 헤롯 왕을 피해 생후 2년간 애굽에서 피난민으로 사셨습니다. 갓난아이가 부모의 사랑 안에서 안전하게 자라야 할 가장 중요한 시기를 우리 주님은 두려움과 불안, 압박 속에서 보내셔야 했습니다.

30년 동안은 작은 마을 나사렛에서 사셨습니다. "나사렛에서 무슨 선한 것이 날 수 있느냐"(요 1:46)라는 말이 있을 만큼 사람들이 무시하는 가난한 동네에서 하나님의 아들이신 예수님이 목수의 아들로 사셨습니다.

이것이 바로 철저히 우리 눈높이에 맞춰주신 하나님의 위대한 긍휼이었습니다. 하나님은 우리가 이해할 수 있는 방식으로 우리를 사랑하신 것입니다. 성경은 이렇게 증언합니다.

> 오히려 자기를 비워 종의 형체를 가지사 사람들과 같이 되셨고 사람의 모양으로 나타나사 자기를 낮추시고 죽기까지 복종하셨으니 곧 십자가에 죽으심이라 빌 2:7,8

힘겨울수록 마음 다해 예배하라

그 긍휼에 어떻게 응답해야 할까요? 내가 주님을 사랑하는 방법은 무엇일까요? 성경은 그것을 '예배'라고 말합니다. 예배에 성공하는 것이 하나님을 가장 기쁘게 하는 것입니다. 하나님께서 우리를 광야로 보내시는 이유도 바로 이것 때문입니다. 예배에 성공하는 사람으로 만들어주시기 위해서입니다. 하나님의 생각과 사상과 마음, 그 질서를 배우는 것입니다. 그 예배자가 되었을 때 하나님께서 가장 영광 받으시고 기뻐하십니다.

많은 사람이 예배를 '일주일에 한 번 교회에 가서 찬송을 부르고 기도하는 것'이라고 생각합니다. 물론 그것도 예배의 한 형태이며 중요한 예배인 것도 맞지만, 성경에서 말하는 예배의 본질은 훨씬 더 깊고 넓은 의미를 담고 있습니다. 그것은 '하나님을 향한 감사와 신뢰의 표현'입니다. 내 삶이 순탄할 때만 하나님께 감사하는 것이 아닙니다. 어려움과 고통 가운데서도 여전히 하나님을 신뢰하는 것입니다. 이것이 진짜 예배입니다.

어떻게 그럴 수 있을까요? 우리는 모두 하나님의 긍휼을 받은 사람이기 때문입니다. 지금 당장 내 상황이 이해되지 않고 앞길이 막막해 보여도, 선하신 하나님은 나를 잊지 않고 계십니다. 과거에 나를 사랑하셨던 그 하나님께서 지금도 나를 사랑하고 계심을 믿고 고백하는 것이 예배의 참된 의미입니다. 하나님께서 내게 행하신 일들을 기억하고 감사하며 그분의 선하심을 찬양하는 것, 이것이 하나님께서 가장 기뻐하시는 예배입니다.

역설적으로 들리겠지만, 하나님께서 큰 영광을 받으시는 것은 교회가 성장하여 교인 수가 늘고 큰 예배당을 짓고 많은 성과를 낼 때가 아니라 인간이 무기력할 때, 즉 인간이 아무것도 할 수 없을 때입니다. 스스로 극단적인 선택을 생각할 만큼 힘겨운 상황 가운데 있을 때, 아무리 돌파해도 돌파할 수 없는 홍해 앞에 서 있을 때입니다. 바로 그런 순간에 주님을 예배하는 그 마음이 하나님께 가장 큰 영광이 됩니다.

하나님이 무언가 부족하신 분입니까? 아닙니다. 창조주 하나님은 모든 것을 창조하셨고 모든 것을 가지고 계신 분입니다. 우리가 드릴 수 있는 것이 뭐가 있겠습니까? 우리에게 무엇을 바라시겠습니까?

하나님은 우리의 마음을 보십니다. 그 마음은 우리 인생이 비참하고 비천할 때, 무엇 하나 풀리지 않을 때 가장 순수하게 드러납니다. 어려움 속에서도 예배당 앞에 서서, 주님 앞에 서서, 주님을 노래하고 찬양하고, 다 이해할 수 없어도 주님을 신뢰하는 그 믿음을 하나님이 보십니다.

그런데 고통 가운데서도 하나님을 찬양하고, 이해되지 않는 상황에서도 하나님을 신뢰하는 것이 저절로 될까요? 아닙니다. 이것은 훈련이 필요한 일입니다. 그 훈련은 놀랍게도 나 자신을 바꾸는 것에서 시작됩니다.

저는 이 진리를 머리로는 알고 있었지만, 실제 삶에서 배우고 체험하는 것은 전혀 다른 문제였습니다. 긍휼의 하나님을 만난 감격과 은혜의 체험만으로는 진정한 예배자가 될 수 없었습니다. 주님을 어떻게 사랑해야 하는지, 어떻게 신뢰해야 하는지를 배우는 훈련이 필요했습니다. 그 훈련의 첫걸음은 세상을 바꾸기 전에 나 자신을 먼저 바꾸는 것이었습니다.

자기부인의 삶

어찌하여 형제의 눈 속에 있는 티는 보고 네 눈 속에 있는 들보는 깨닫지 못하느냐 너는 네 눈 속에 있는 들보를 보지 못하면서 어찌하여 형제에

티는 작은 먼지 조각이고 들보는 집을 지을 때 쓰는 큰 나무 기둥입니다. 예수님의 말씀은 이토록 강렬합니다. 내 눈에는 들보처럼 큰 문제가 있는데 다른 사람 눈에 있는 티같이 작은 문제만 보려고 한다는 것입니다.

눈먼 죄인은 자기 눈의 들보는 보지 못한 채 남의 눈에 있는 티만 보려고 합니다. 자신을 먼저 바꾸기보다 남을 바꾸려고만 하고, 더 나아가 세상을 바꾸겠다고 큰소리칩니다. 저도 그런 사람이었습니다. 긍휼의 하나님을 만난 후 세상을 변화시키고 싶었고 많은 사람에게 긍휼을 베풀고 싶었지만 정작 나 자신은 변화되지 않았습니다.

A국 선교여행에서 돌아온 후, 저는 곧바로 긍휼의 사역을 시작할 줄 알았습니다. 하나님께서 성령 충만을 경험하게 하셨고 하나님 아버지의 마음을 깊이 알게 하셨으니 이제는 본격적으로 사역을 시작하게 하실 줄 알았는데 하나님의 생각은 달랐습니다.

그분은 저를 '신학교'라는 광야로 인도하셨습니다. 광야는 내 방식이 아닌 하나님나라의 사고방식을 배우고, '자기의'가 아닌 '하나님의 의'로 살아가는 법을 배우는 곳입니다. 겉으로는 신학을 공부하는 것처럼 보였지만 실제로는 내 생각과 방법을 완전히 내려놓는 훈련의 시간이었습니다.

광야에서 우리가 배워야 할 것들이 있습니다.

첫째, 자기부인의 삶입니다.

내 뜻이 아닌 하나님의 뜻을 따라가는 것입니다. 내가 원하는 것이 아니라 하나님께서 원하시는 것을 하는 것입니다.

둘째, 하나님의 방법입니다.

내가 생각하는 방식이 아니라 하나님께서 가르쳐주시는 방식을 따름으로써 내 방법이 아닌 하나님의 방법으로 살아가는 것입니다.

셋째, 전적인 신뢰입니다.

왜 이런 일이 생기는지 이해할 수 없고 이해되지 않아도 하나님을 믿고 신뢰하며 따라가는 것입니다.

넷째, 온전한 순종입니다.

부분적이 아닌 전심으로 순종하는 것입니다. 내가 할 수 있는 것만 순종하는 것이 아니라 하나님께서 명령하시는 모든 것에 순종하는 것입니다.

또 무리에게 이르시되 아무든지 나를 따라오려거든 자기를 부인하고 날마다 제 십자가를 지고 나를 따를 것이니라 눅 9:23

하나님의 뜻과 내 뜻이 같을 때는 모든 것이 기쁘고 감사합니다. 순종하기도 쉽고 "주님, 감사합니다!" 하며 기쁘게 따라갈 수 있습니다. 그러나 하나님의 뜻과 내 뜻이 다를 때는 어떻습니까? 내가 가고 싶은 길과 하나님께서 인도하시는 길이 다를 때는 어떻습니까? 그때 내 뜻을 포기하고 주님을 따르기란 쉽지 않습니다. 마음이 찢어지는 것 같습니다.

이런 상황에서 자기 뜻을 내려놓고 하나님의 뜻을 따라가는 것이 자기부인입니다. 하나님을 믿고 신뢰하는 사람이 자기부인을 할 수 있습니다. 비록 하나님의 뜻과 방법이 내 뜻, 내 방법과 다를지라도 하나님의 말씀대로 따라가는 사람, 그가 바로 주님의 진정한 제자입니다.

전적인 순종

신학대학원 시절, 설교학 수업 시간에 할 설교를 위해 저는 요한일서 3장 11-24절 말씀을 붙들고 1주일 동안 정말 온 힘을 다해 준비했습니다. 마무리가 되어갈 때 '이 정도면 정말 좋은 설교가 되겠구나! 교수님과 학생들도 은혜를 받을 거야!' 하면서 내심 뿌듯했습니다. 그런데 바로 그 순간, 마치 누군가 내게 질문하는 듯한 강한 느낌이 마음 깊은 곳에서 밀려왔습니다.

'현호야! 정말 열심히 준비하는구나! 하지만 내가 다른 본문을 가지고 내 메시지를 전하라고 한다면, 이 본문을 포기하고 다른 본문으로 준비할 수 있겠니?'

앞이 캄캄했습니다. 일주일간 밤을 새워가며 준비한 설교였습니다. 이미 너무 많은 시간을 투자했고 더욱이 영어로 다른 설교를 준비하기에는 시간이 턱없이 부족했습니다. 내게 주어진 시간은 하루 반이 전부였고, 그 기간에는 다른 일정도 많았습니다. 숙제도 있었고 가족도 돌봐야 했습니다.

'이것은 분명 사탄의 유혹이야. 아니면 내가 일을 너무 많이 해서 이상한 생각이 드는 것뿐이야!'

저는 애써 그 느낌을 무시하고 설교 준비를 계속했습니다. 하지만 다음날 아침, 가정예배를 통해 제 생각이 틀렸음을 알게 되었습니다. 어머니가 제게 성경책을 보여주시며 "현호야! 엊저녁에 기도하는데 하나님께서 너에게 이 예화를 보여주라는 감동을 주시는구나!"라고 하셨습니다.

그 예화는 골로새서 2장 6,7절에 관한 것으로, 바로 어제저녁 제 마음에 떠올랐던 그 말씀이었습니다! 어머니는 제가 무슨 본문으로 설교를 준비하는지, 어떤 내적 갈등을 겪었는지도 전혀 모르시는데 같은 말씀을 주신 것입니다.

그러므로 너희가 그리스도 예수를 주로 받았으니 그 안에서 행하되 그
안에 뿌리를 박으며 세움을 받아 교훈을 받은 대로 믿음에 굳게 서서 감
사함을 넘치게 하라 골 2:6,7

이것은 우연이 아니었습니다. 하나님께서 어머니를 통해 확실하게 확인해
주신 것이었습니다. 왜 하나님께서 이렇게 하시는지 이해할 수 없었습니다.
일주일 동안 준비한 설교를 포기하고 하루 반 만에 새로운 설교를 준비하
라니, 상식적으로 불가능한 일이었습니다.

더 큰 문제가 있었습니다. 저는 영어를 잘하지 못했습니다. 일주일 동안
준비할 때는 문법을 교정받을 시간이 있었지만, 이제는 그럴 시간이 없었습
니다. 설교 평가에서 중요한 항목인 아이 콘택트(eye contact, 시선을 마주침)
점수도 포기해야 했습니다. 짧은 시간에 준비하니 원고를 자주 들여다볼
수밖에 없기 때문입니다.

'점수가 중요한가, 아니면 하나님께 순종하는 것이 중요한가?'

냉정하게 생각하면 손해였고 좋은 점수를 받기 어려운 선택이었지만 그
순간 저는 결단했습니다. 어머니를 통해 확인해주신 하나님의 음성을 무시
할 수 없어서 내 뜻과 유익을 포기하고 하나님이 주신 감동에 순종하기로
했습니다. 바로 이것이 제가 광야에서 배운 원리입니다. 광야는 내 방법이
통하지 않고 내 계획대로 되지 않는 곳입니다. 광야에서 살아남는 유일한
길은 하나님께 순종하는 것뿐입니다.

광야에서 배운 대로 순종하며 새로운 설교를 밤새 준비했는데 놀라운 일
이 일어났습니다. 밤을 새웠는데도 피곤하지 않고 정신이 멀쩡했습니다. 오
히려 하나님께 감사하는 마음이 넘쳤고 기분이 날아갈 것 같았습니다. 밤

을 지새운 탓에 체력은 바닥이었지만 하나님이 주시는 힘과 능력으로 설교를 잘 마칠 수 있었습니다. 광야에서 만나를 내리시듯, 하나님께서 필요한 힘을 공급해주셨습니다.

설교를 마친 후《설교자의 선택》(Choosing To Preach)이라는 책의 저자이신 켄트 앤더슨(Kent Anderson) 교수님이 눈물이 가득한 눈으로 저에게 다가와, 제 설교를 들으며 깊은 감동을 받았다고 하셨습니다.

“My heart is broken”(내 마음이 깨어져버렸습니다).

제가 전한 말씀이 그 분의 마음을 만졌던 것입니다. 저는 하나님께서 왜 그 본문을 주셨고 이런 과정을 겪게 하셨는지 깨달을 수 있었습니다. 하나님은 제게 광야에서 배운 원리를 실천할 기회를 주셨고, 설교자의 가장 중요한 태도를 다시 한번 가르쳐주셨습니다.

설교자는 높은 점수를 받으려고 존재하는 것이 아닙니다. 자신의 유익을 구하는 존재여서는 안 됩니다. 설교자는 오직 주님의 이름과 영광을 드러내기 위해 존재합니다. 제가 일주일 동안 준비한 설교로 좋은 점수를 받았다 한들 그것이 하나님께서 원하시는 말씀이 아니었다면 무슨 의미가 있겠습니까? 저는 하나님의 비전에 합한 종이 아니었을 것입니다.

일주일 동안 준비한 설교가 아무리 좋다 해도 그것은 내 생각과 내 방법으로 준비한 것이었습니다. 하지만 하나님께서 주신 본문으로 순종하여 준비한 설교는 달랐습니다. 그것은 하나님의 생각과 방법으로 준비한 것이었습니다.

내 것을 내려놓고 하나님의 것을 따를 때 하나님께서 일하신다는 것을 배웠습니다. 그 과정에서 느끼는 기쁨은 내 방법으로 성공했을 때의 기쁨과는 비교할 수 없었습니다. 이것이 광야에서 배운 제자의 삶입니다. 내 유익을 구하지 않고 주님의 뜻에 순종하는 그것이 제자도의 핵심입니다.

순종에는 대가가 따릅니다. 때로는 손해를 감수해야 하고 포기해야 할 것들도 있습니다. 광야는 편안한 곳이 아닙니다. 내 방법이 통하지 않는 곳입니다. 하지만 바로 그 광야에서의 순종을 통해 하나님께서 일하시고 우리가 상상할 수 없는 방식으로 그분의 영광을 드러내십니다. 광야는 하나님의 방법을 배우는 훈련장입니다.

나의 시편

신학교에서 〈고통의 신학〉 수업을 들을 때 교수님이 '내 인생의 시편'을 작성하는 과제를 주셨습니다. 시편처럼 하나님께 마음을 토해내는 글을 쓰라는 것이었습니다. 그때 저는 두 편의 시를 썼습니다. 그 시들은 제가 광야에서 겪었던 고통과 깨달음을 그대로 담고 있습니다.

지현호의 애가

주님, 당신의 길은 나의 길이 아닙니다.

주님, 당신의 길은 나의 길이 아닙니다.

비록 내가 영어를 잘 말하지 못하고

사람들이 영어로 하는 말을 잘 알아듣지 못했지만,

당신은 나에게 내 삶과 교회, 밴쿠버, 그리고 이 세상에 대한

위대한 비전을 주셨습니다.

당신의 뜻으로 인해 나는 이 땅에 서 있습니다.

주님, 당신의 길은 나의 길이 아닙니다.

나는 말을 잃고 들을 수 없게 되었습니다.

캐나다에서 나는 자존감을 잃었습니다.

외로움을 느낍니다.

나는 죽음 같은 어둠 속에 서 있는 것 같습니다.

사탄이 나에게 말합니다.

"너의 사랑하는 하나님이 어디 있느냐?"

주님, 당신의 길은 나의 길이 아닙니다.

나는 편안한 집을 팔았습니다.

그 대신 여기서 지하실에 살고 있습니다.

통장에는 마이너스 24달러가 있습니다.

사탄이 나에게 말합니다.

"8개월 된 아들을 어떻게 돌볼 것이냐?"

주님, 당신의 길은 나의 길이 아닙니다.

나는 마음을 찢으며 외쳤습니다.

"나는 당신의 것입니다!"

당신의 사랑 없이는 나는 아무것도 아닙니다.

비전은 나의 뜻이 아닌 당신의 뜻으로 이루어질 것입니다.

당신의 뜻으로 인해 나는 이 땅에 서 있습니다.

이 시를 쓸 때 제 마음은 찢어지는 것 같았습니다. 한국에서는 법조인이 되고자 공부했던 사람인데 캐나다에서는 영어도 제대로 못 하는 사람이 되었습니다. 사람들이 무슨 말을 하는지 알아듣기 힘들었고, 제 생각을 표현하기도 어려웠습니다.

하나님은 제게 교회를 세우고, 밴쿠버를 변화시키고, 세상을 변화시키라는 큰 비전을 주셨지만 현실은 너무 달랐습니다. 언어도 안 통하고, 돈도 없고, 지하실에서 살면서 어린 아들을 돌봐야 했습니다.

사탄은 계속 제게 "네 하나님이 어디 있어? 네가 하나님을 믿는다면서 왜 이렇게 비참하게 살아? 아들도 제대로 돌보지 못하면서 무슨 하나님을 섬기지?"라고 했지만 저는 주님께 외쳤습니다. "나는 당신의 것입니다!"라고. 비록 이해되지 않고 힘들지만, 나는 하나님의 사람이라는 고백이었습니다.

지현호의 소망의 시

주님, 당신의 길은 나의 길이 아닙니다.
하지만 당신은 하나님나라를 위한 당신의 길을
나에게 가르치고 계십니다.
내가 말을 잃고 들을 수 없게 되었을 때,
당신은 나로 하여금 십자가 위에서의
당신의 희생을 바라보게 하셨습니다.

주님, 당신의 길은 나의 길이 아닙니다.
하지만 당신은 나에게 당신의 길을 가르치고 계십니다.
내가 캐나다에서 자존감을 잃었을 때,
당신은 나로 하여금 당신의 겸손을 바라보게 하셨습니다.

주님, 당신의 길은 나의 길이 아닙니다.

하지만 당신은 나에게 당신의 길을 가르치고 계십니다.

내가 외로움을 느낄 때,

당신은 나로 하여금 당신의 사랑에 목마르게 하셨습니다.

주님, 당신의 길이 가장 위대합니다.

당신의 길을 깨달을수록 당신을 더욱 사랑하게 됩니다.

당신은 말씀하십니다.

"내가 너와 함께 있다."

나의 소망은 당신 안에 있습니다.

마라나타!

같은 상황이었지만, 제 마음은 달라져 있었습니다. 고통은 여전했지만, 그 고통의 의미를 알게 되었습니다.

제가 말을 잃고 들을 수 없게 되었을 때 하나님은 예수님의 십자가를 보게 하셨습니다. 예수님도 십자가에서 모든 것을 잃으셨습니다. 하나님의 아들이셨지만 가장 비천한 죽음을 맞으시고, 그 희생을 통해 우리를 구원하셨습니다.

제가 자존감을 잃었을 때 하나님은 예수님의 겸손을 보게 하셨습니다. 예수님은 하나님이셨지만 미천한 종의 형체를 입으셨습니다. 낮아지고 또 낮아지셨습니다. 그 겸손을 통해 우리를 높이셨습니다. 제가 외로움을 느낄 때 하나님은 그분의 사랑을 더욱 깊이 느끼게 하셨습니다. 모든 것을 잃었을 때 하나님의 사랑만이 진정한 위로가 되었습니다.

광야는 고통스러운 곳이었지만 동시에 하나님을 가장 깊이 만나는 곳이었습니다. 모든 것을 잃었을 때 비로소 하나님만으로 충분하다는 것을 알게 되었습니다. "마라나타!" 이 말은 "주여, 오시옵소서"라는 뜻입니다. 이것이 제 소망이 되었습니다. 이 땅에서의 성공이 아니라, 주님을 만나는 것이 제 소망이 되었습니다.

긍휼한 마음이 있다 해도, 나 자신이 먼저 변화되지 않으면 진정한 긍휼의 사역을 감당할 수 없습니다. 남의 눈의 티를 빼기 전에 내 눈의 들보를 먼저 빼야 합니다. 세상을 바꾸기 전에 나 자신을 먼저 바꿔야 합니다.

광야는 바로 그것을 배우는 곳입니다. 내 방법이 아닌 하나님의 방법을, 내 뜻이 아닌 하나님의 뜻을 배우는 곳입니다. 자기를 부인하고 하나님을 전적으로 신뢰하는 법을 배우는 곳입니다. 광야를 통과한 자만이 진정한 예배자가 될 수 있고, 진정한 긍휼의 사역자가 될 수 있습니다.

혹시 지금 당신도 광야를 지나고 계십니까? 이해되지 않는 일들을 겪고 계십니까? 모든 것을 잃은 것 같은 느낌이 드십니까? 낙심하지 마세요. 하나님은 당신을 버리지 않으셨고, 오히려 당신을 훈련하고 계십니다. 진정한 예배자, 진정한 긍휼의 사역자로 세우고 계십니다.

광야는 끝이 아니라 과정입니다. 광야를 통과하면 약속의 땅이 있습니다. 조금만 더 견디십시오. 조금만 더 신뢰하십시오.

❶ 하나님의 뜻과 내 뜻이 다를 때, 나는 어떤 선택을 합니까?

하나님의 뜻과 내 뜻이 일치할 때는 괜찮지만 다를 때는 순종하기 쉽지 않습니다. 최근에 하나님의 뜻과 내 뜻이 달랐던 경험이 있습니까? 그때 어떤 선택을 했습니까? 자기부인이 무엇을 의미하는지 구체적으로 생각해보십시오.

❷ 나는 나 자신을 먼저 바꾸려 하고 있습니까?

우리는 종종 다른 사람이나 세상을 바꾸려고만 합니다. 하지만 변화는 나로부터 시작되어야 합니다. 지금 당신은 무엇을 바꾸려고 애쓰고 있습니까? 다른 사람입니까, 아니면 당신 자신입니까? 당신의 눈에 있는 들보는 무엇입니까?

❸ 내가 서 있는 곳이 광야라면, 하나님은 무엇을 가르치고 계십니까?

광야는 목적 없는 고통이 아닙니다. 하나님께서 우리를 훈련시키시는 곳입니다. 지금 당신이 겪고 있는 어려움을 통해 하나님은 무엇을 가르치려고 하실까요? 혹시 자기부인을 배우고 있습니까? 하나님의 방법을 배우고 있습니까?

❹ 어려움 가운데서도 하나님을 신뢰하고 예배할 수 있습니까?

진정한 예배는 모든 것이 순탄할 때만 드리는 것이 아닙니다. 이해되지 않는 상황에서도 하나님을 신뢰하며 찬양하는 것입니다. 지금 당신의 상황이 어렵다면, 그 가운데서도 하나님을 예배할 수 있습니까? 무엇이 그것을 가능하게 합니까? 혹은 무엇이 그것을 방해합니까?

❺ 나만의 '광야의 시편'을 써본다면 어떤 내용이 될까요?

하나님께 당신의 마음을 토해내는 시를 써보십시오. 솔직하게 쓰십시오. 하나님께는 우리의 아픔과 고통, 의심과 질문까지도 다 말씀드릴 수 있습니다. "주님, 당신의 길은 나의 길이 아닙니다"로 시작해보는 것은 어떨까요?

하나님의 길 걷기

내 계획을 내려놓고

내 방법이 아닌 하나님의 방법

모세는 120년을 살았습니다. 그의 인생에는 40년씩 세 단계로 나누어지는 흥미로운 패턴이 보입니다.

첫 번째 40년에는 애굽 왕궁에서 자랐습니다. 당대 최고의 교육을 받고 권력과 부를 누렸습니다. 그는 이렇게 생각했을 것입니다. '나는 모든 것을 할 수 있다!' 두 번째 40년에는 미디안 광야에서 양을 치며 살았습니다. 화려한 시간은 과거로 사라지고 하루하루 생존하기에 급급했습니다. 그때 그는 깨달았을 것입니다. '나는 아무것도 할 수 없구나.'

세 번째 40년에는 이스라엘 백성을 이끄는 지도자가 되었습니다. 하지만 이번에는 달랐습니다. '나는 아무것도 할 수 없지만, 하나님이 주신 힘과 능력으로 모든 것을 할 수 있다!' 사도 바울도 "내게 능력 주시는 자 안에서 내가 모든 것을 할 수 있느니라"(빌 4:13)라고 고백했습니다.

저도 전에는 모세의 처음 40년처럼 살았습니다. 무엇이든 할 수 있다고 믿었고 내 열정과 자기의가 넘쳤습니다. 하지만 하나님은 저를 광야로 인도하여 완전히 다른 것을 가르치셨습니다. '내 방법'이 아닌 '하나님의 방법'을 배우게 하셨습니다.

이 장에서는 제가 얼마나 '내 방법'에 집착했고, 어떻게 그것을 내려놓게 되었는지를 나누려고 합니다. 부끄러운 이야기들도 있지만, 누군가에게는 위로와 도전이 되기를 바랍니다.

내 방법 1 : 남자는 힘이다!

저는 어려서부터 정의감이 강한 아이였습니다. 학교에서 약한 친구들이 괴롭힘당하는 모습을 보면 그냥 지나칠 수 없었고, 항상 앞장서서 그들을 보호해주려 했습니다. 그런 제게 큰 충격을 준 사건이 있었습니다.

중학교 때 교회의 '친구 초청 잔치'를 위해 열 명 정도의 친구를 우리 집에 데려왔습니다. 어머니가 정성스럽게 준비해주신 간식을 나누어 먹고 함께 영화도 보며 즐거운 시간을 보냈습니다.

그런데 다음 날 아침, 친구들이 모두 사라졌습니다. 알고 보니 이들은 이미 가출을 계획하고 있었고, 우리 집을 하룻밤 지낼 곳 정도로만 생각했던 것입니다. 저를 이용한 것이었죠.

월요일 아침, 학교에서 큰일이 벌어졌습니다. 선생님들은 제가 가출한 아이들을 도왔다며 심하게 꾸짖었고, 아무리 사실을 설명해도 믿어주지 않았습니다. 더 마음이 아팠던 것은 선생님이 제 어머니께 호통을 치신 일이었습니다. 선한 의도로 아이들을 도왔는데, 오히려 창피를 당하시는 어머니를 보는 것이 너무 괴로웠습니다.

중2 때 아버지가 돌아가신 후 '남자는 힘이 있어야 한다. 힘이 있어야 약한 사람을 지킬 수 있다'라는 생각이 더욱 확고해졌습니다. 열네 살에 가장을 잃은 저는 이제 제가 이 집안의 가장이라고 생각했습니다. 힘이 있어야 이 가정을 지킬 수 있다고 믿었고 누군가 우리 가족이나 약한 친구들을 괴롭히면 목숨을 걸고라도 막아서려 했습니다.

고등학교 때, 지적장애가 있는 중학교 동창 친구가 괴롭힘을 당한다는 소식을 들었습니다. 그 친구가 살기 위해, 괴롭히는 아이들에게 "현호가 내 친척이야! 내가 현호에게 말하기 전에 그만 괴롭혀줘!"라고 말했다는 얘기를 듣고 저는 가만히 있을 수 없었습니다. 그 친구를 보호해주기 위해 그가 다니는 학교까지 찾아가서 앞으로 그 친구를 건드리면 안 된다고 말해놓았습니다. 다행히 그 후 졸업할 때까지 아무도 그 친구를 괴롭히지 않았고 저는 '역시 힘으로 해결하는 게 맞아. 나는 옳은 일을 하고 있어'라고 생각하게 되었습니다.

하지만 대학에 가서 큰 벽에 부딪혔습니다. 대학교 1학년 때 과 대표였던 저는 한 동기가 선배들에게 부당한 대우를 받는 모습을 보고 그 상황을 참고 넘어갈 수 없어 그 선배들과 맞섰습니다. 격렬한 충돌이 있었고 저는 집단 구타를 당해 전치 16주 판정 및 턱에 평생 장애가 올 수 있다는 진단까지 받았습니다. 하지만 끝내 제가 이겨서 선배들은 모두 제게 사과했고 제 뜻을 받아주었습니다.

'역시 내가 옳았어. 힘으로 맞서는 것이 정답이야.'

저는 제가 하는 일이 옳다고 더욱 확신했지만 예상하지 못한 일이 벌어지기 시작했습니다. 제가 억울함을 대변해준 바로 그 동기가 왜 그렇게까지 해야 했냐는 눈빛으로 저를 바라보며 저를 멀리하기 시작했습니다. 다른 학우들도 저를 두려워하는 것 같았습니다. 결국 저는 모두에게 따돌림을 당했고 제가 보호하려 했던 사람조차 제게서 멀어져 갔습니다.

'내가 뭘 잘못한 거지? 나는 정의를 위해 싸웠는데….'

나중에 출애굽기 2장을 읽다가 깊은 충격을 받았습니다.

자기 민족을 사랑하는 긍휼의 마음이 있었던 모세는 동족이 고통받는 것을 보고 가만히 있을 수 없어서 애굽 사람을 죽였습니다. 그러나 지나친 자기 열정이 문제였습니다. 선한 동기였지만 잘못된 방법으로 표현된 사랑은 결국 사람을 죽이는 잘못된 결과로 이어졌습니다.

모세는 히브리 사람들이 고마워하며 자신을 영웅으로 환영해줄 줄 알았겠지만 사람들의 반응은 달랐습니다.

"누가 너를 우리를 다스리는 자와 재판관으로 삼았느냐? 네가 애굽 사람을 죽인 것처럼 나도 죽이려느냐?"(출 2:14)

그 말에 모세는 두려워하며 도망쳤습니다. 지나친 자기의와 자기 열정에 기초한 사랑은 두려움과 도망자의 모습이라는 결론으로 돌아왔습니다.

저 또한 선한 마음으로 약자를 보호하려 했지만, 잘못된 방법과 지나친 열정으로 오히려 모든 사람에게 외면당하는 결과를 얻었습니다. 아무리 선한 동기라 할지라도, 내 방법과 내 열정만으로는 진정으로 사람을 도울 수 없고 오히려 상처만 더 깊어질 뿐이라는 것을 깨달았습니다.

내 방법 2 : 법이 힘이다!

'남자는 힘이다!'라는 생각이 무너질 때쯤 세상은 제게 '법이 힘이다!'라는 또 다른 교훈(?)을 주었습니다. 두 가지 사건을 통해 이것을 뼈저리게 배웠습니다.

먼저는 동생의 교통사고와 사망 사건을 겪으면서, 경찰관과 여러 증인을 매수하여 사고사를 자살로 위장하고 자신들에게 유리하도록 사실을 왜곡한 가해자들에게 저는 크게 분노했습니다. 그리고 육체적인 힘만으로는 안 되는 것이 있다는 것을 알게 되었습니다. '법이 힘이구나. 법을 알아야 해.' 법을 알지 못했다면 동생의 죽음은 자살로 묻혔을 것이고, 가해자에게 정당한 처벌을 내릴 수도 없었을 것입니다.

두 번째 사건은 군대 민원실에서 근무할 때 일어났습니다. 부대 앞 영세 식당의 주인아주머니가 공사 식대 200만 원을 받으러 오셨습니다. 그러나 부대에서는 이미 건설회사에 모든 비용을 지급했기 때문에 책임이 없다고 했습니다. 이 사실을 알려드리자 아주머니가 바닥을 뒹굴며 통곡하기 시작했습니다. 아주머니는 이번에도 돈을 받지 못하면 공사업체에 두 번이나 사기를 당한 것이라고 했습니다. 고등학생 딸의 학비를 낼 수 없다며 엉엉 우셨고 자기 목을 조르며 죽어버리겠다고 하셨습니다.

얼마 후, 공사업체 사장이 부대를 방문했습니다. 그는 육군 공병대 대대장 출신이었습니다. 저는 그 사장님에게 식비를 달라고 말했지만, 그는 그 업체는 부도가 나서 법률적으로 책임이 없고, 자기는 현재 다른 건설업체 사장으로 있으므로 밀린 식대를 지급할 의무가 없다고 했습니다.

"지 상병, 왜 그래? 담배 한 보루 사줄 테니 그냥 넘어가!"

사장님의 그 말에 더 화가 나서 계속 따졌더니, 상관과 통화하고 싶다고 했습니다. 상관과 전화를 연결했더니 황당한 답변을 들어야 했습니다.

"지 상병, 뭔가 착각하고 있는데, 법률적으로 아무런 문제 없는 사람을 잡아두고 뭐 하는 거야! 계속 그러면 너 영창 보내버릴 거야!"

이게 법이었습니다. 법적으로는 책임이 없다는 것이었습니다. 아무리 도덕적으로 잘못된 일이라도, 법의 허점을 이용하면 처벌받지 않을 수 있다는 것이었습니다.

며칠 후, 식당 아주머니가 군대 민원실로 다시 찾아오셨습니다. 도와줄 길이 없어 그저 아주머니를 붙잡고 울었습니다.

"아주머니, 도와줄 길이 없어 정말 죄송합니다! 법이 그렇다고 합니다! 그런데 저런 악랄한 놈들 때문에 아주머니 같은 사람이 죽으면 절대 안 됩니다. 너무 억울합니다. 죽으시면 안 돼요. 제가 열심히 공부해서 아주머니 같은 어려운 사람들을 꼭 돕고 싶습니다. 법을 공부해서 꼭 돕고 싶습니다!"

진심을 아셨는지 아주머니도 우셨습니다.

그해 겨울 크리스마스 때, 아주머니가 편지와 선물을 가지고 오셨습니다. 아주머니의 딸이 쓴 편지였습니다.

"군인 아저씨 덕분에 저희 어머니가 살아나셨어요. 그리고 제 학비도 해결되었습니다. 저희 어머니에게 따뜻하게 대해주시고 최선을 다해 도와주셔서 감사했어요. 세상은 나쁜 사람들도 있지만, 군인 아저씨 같은 따뜻하고 좋은 사람도 있다는 것을 알 수 있었습니다. 감사합니다. 제가 구입한 가죽장갑입니다. 꼭 받아주시고 앞으로도 좋은 일 가득하길 빌겠습니다."

편지와 장갑을 끌어안고 정말 많이 울었습니다. 그리고 법을 공부해서 동생을 죽인 자들에게 복수하고, 가난하고 어려운 사람들, 힘없는 사람들을 돕겠다고 다짐했습니다. 서른 살까지 사법고시 합격에 최선을 다하고, 만약 실패하면 경찰이 되자, 그것도 안 되면 차라리 죽어버리자고 생각했습니다. 이것이 제 두 번째 '내 방법'이었습니다. 힘이 안 되면 법으로 세상을 바꾸겠다는 것이었습니다.

하나님의 방법은 복음의 능력

제대 후 법대에 편입하여 사법고시를 준비하던 때, 어머니의 권유로 참여하게 된 4박 5일의 제주 단기선교는 제 인생관을 완전히 뒤바꾸어 놓았습니다. 저는 그동안 '힘'으로 사람을 바꾸려 했고, 그것이 안 되니 '법'으로 세상을 바꾸려 했습니다. 깡패와 사기꾼들을 교도소에 잡아넣어야 세상이 바뀐다고 믿었습니다.

하지만 제주도에서 복음을 전하며 놀라운 모습을 보았습니다. 제가 교도소에 넣어야 한다고 생각했던 사람들이 복음을 듣고 눈물을 흘리며 변화되는 모습, 폭력배라고 판단한 사람들이 무릎을 꿇고 하나님께 기도하는 모습을 보았습니다. 깡패들을 교도소에 넣지 않아도, 탈선 청소년들을 두들겨 패지 않아도, 하나님의 은혜로 그들은 새로운 삶으로 초청되었습니다. 하나님의 생각은 제 생각과 달랐습니다.

'복음이 사람을 변화시키는구나. 법이 아니라 복음이 진짜 힘이구나.'

법보다 복음에 훨씬 더 강력한 변화의 힘이 있었습니다. 법은 사람을 처벌할 수는 있어도 완전히 변화시키는 데에는 한계가 있습니다. 하지만 복음은 사람의 마음 자체를 바꿉니다.

그래도 저는 여전히 제 계획을 포기하지 않았습니다. 그 4박 5일만 하나님께 순종하기로 약속했으니 선교여행이 끝난 후 다시 법 공부로 돌아가면 된다고 생각했습니다. 그런데 하나님은 저를 4박 5일 동안만 부르신 것이 아니라 평생 동행할 자로 부르신 것이었습니다.

특별히 결혼 문제를 통해 저는 더욱 하나님의 부르심을 확신할 수 있었습니다. 그 무렵 제게는 소중한 사람과의 결혼 문제가 있었습니다. 상대방의 어머니는 깊은 신앙을 가진 분으로, 기도 중에 받은 감동을 제게 전해주셨습니다. 만약 제가 법학이 아닌 신학의 길을 걸을 마음이 있다면 결혼을 허락하시겠다는 뜻이었습니다.

사실 그 분이 저를 딸의 배우자로 허락해주실 이유는 많지 않았습니다. 외동딸을 아직 학생 신분인 제게 맡기신다는 것은 쉬운 결정이 아닐 텐데도 하나님께서 주신 감동에 순종해 그렇게 말씀해주신 것이었습니다.

하지만 저는 솔직하지 못했습니다. 결혼을 간절히 원했던 저는 '일단 결혼부터 하고 나중에 법을 공부해도 되겠지'라고 생각했습니다. 그래서 신학을 하겠다고 말씀드리고 결혼 준비를 진행했습니다. 그런데 결혼식 날짜가 가까워질수록 거짓말을 하고 있다는 것이 너무 괴로웠습니다. 밤에 잠을 자려고 누우면 양심이 저를 찔러 견딜 수가 없었습니다.

'이건 아니야. 이건 거짓말이야. 하나님께서 이것을 기뻐하실 리가 없어.'

결국 정직하게 사실을 말씀드렸습니다. 제 진짜 마음을 솔직하게 털어놓고, 여전히 법을 공부하고 싶다고 고백했습니다. 결국 결혼식을 3주 앞두고 파혼하게 되었습니다. 지금까지 제가 원하는 것은 대부분 이룰 수 있었습니다. 힘으로든 법으로든 제 방법으로 해결할 수 있었습니다. 그런데 결혼만큼은 제 뜻대로 되지 않았습니다.

마음이 너무 힘들어서 난생처음 3일을 금식하며 교회 부흥회에 참석했습니다. 집회 중간중간 기도실에 들어가 "주님! 이 사람과의 결혼만 허락해주신다면 제가 무엇이든 하겠습니다!" 하고 간절히 기도했습니다. 그런데 이상하게도, 간절히 기도할수록 오히려 힘만 빠졌습니다. 아무런 응답도 느껴지지 않고 마치 하늘이 닫힌 것 같았습니다.

마지막 날 찬양 시간에 하나님께서 특별한 은혜를 주셨습니다. 난생처음 환상을 보게 되었는데, 빛 가운데 한 사람이 제게 걸어오고 있었습니다. 그는 성경을 들고 하나님의 말씀을 사람들에게 선포하고 있었고 젊은이들이 깨어났습니다. 그 사람의 얼굴을 보고 깜짝 놀랐습니다. 바로 저였기 때문입니다. 하나님께서 보여주시는 미래의 제 모습이었습니다.

저는 집회 후에도 계속 제 결혼 문제를 여쭤봤으나 하나님은 다른 것을 가르쳐주시려 했습니다. '내가 어디로 걸어가고 있는가'보다 '내가 누구와 함께 걷고 있는가'가 더 중요하다는 것이었습니다.

하나님은 제가 법조인이 되어 사람들을 도우려 하기보다 하나님의 말씀을 전하는 사명자가 되기를 원하셨습니다. 주변의 많은 믿음의 어른들도 같은 말씀을 해주셨습니다. 하지만 저는 여전히 제 방법이 옳다고 생각했고 결혼도, 장래도 모두 제가 원하는 방식대로 되기를 바랐습니다.

그러나 하나님의 은혜는 완고한 저를 포기하지 않으셨습니다. 6장과 9장에서 이미 나눈 것처럼 2004년 봄, 밴쿠버의 한 기도 모임에서 참된 회심을 경험하며 인생의 전환을 맞게 된 것입니다.

하나님께서 많은 기적을 보여주셨는데도 계속 원망하고 불평하는 이스라엘 백성이 이해되지 않아 화가 나 있던 제게 하나님은 제가 받은 은혜들을 하나하나 기억나게 하셨고, 비로소 저는 제가 이스라엘 백성보다 더 많은 은혜를 받았으면서도 더 많이 원망하고 불평했다는 것을 깨달았지요.

제가 얼마나 하나님의 뜻보다 제 고집을 앞세우는 사람이었는지 깨닫자 통곡이 쏟아져 나왔고, 진심으로 회개할 때 성령님이 임하여 저를 자유롭게 해주셨습니다. 그동안 마음 깊이 품고 있던 상처와 원망, 심지어 동생을 죽인 사람들에 대한 복수심까지도 내려놓을 수 있게 하셨습니다.

그 후 여러 목회자분이 제게 신학 공부를 권하셔서 캐나다 트리니티 신학 대학원에 원서를 넣게 되었습니다. 사실 떨어지기를 바라서 '이렇게 솔직하게 쓰면 떨어질 거야. 그러면 하나님이 나를 원하지 않으신다는 거겠지' 하고 제가 본 환상과 비전을 솔직하게 적었는데 놀랍게도 입학 허가를 받았습니다. 하나님이 나 같은 사람도 주의 종으로 부르신다는 사실을 받아들일 수밖에 없었습니다.

결정적인 순간이 찾아왔습니다. 어려운 형편에 법학을 공부하던 어떤 분에게 책이 필요하다는 소식을 들었을 때, 저는 큰 결단을 해야 했습니다. 저는 아직 법학책들을 버리지 못하고 있었습니다. 그 책들은 제가 몇 년 동안 공들여 모은 것이었습니다. 밑줄을 그으며 공부한 흔적이 가득했고 비싼 값을 주고 산 책들도 있었습니다.

하지만 이 책들을 모두 그 분에게 드리기로 했습니다. 그리고 어머니의 낡은 성경책을 들고 기도했습니다.

"주님, 이제 정말로 이 길을 가겠습니다! 4박 5일의 단기간이 아니라, 제 남은 생애 전부를 주님의 뜻대로 사용해주시옵소서!"

법학책들을 손에서 놓는 순간, 무언가가 끊어지는 것 같았습니다. 제가 그토록 집착했던 '내 방법'이 마침내 내려놓아지는 순간이었습니다.

하나님께서 이 기도를 기쁘게 받으셨습니다. 놀랍게도 그날 저녁, 파혼했던 예비 신부의 어머니가 결혼을 허락해주셨습니다. 예식을 3주 앞두고 깨어졌던 그 결혼이 다시 이루어지게 된 것입니다. 하나님은 제가 입술로만이 아니라 전심으로 순종하기를 원하시며, 철저히 제 마음의 중심을 보고 계셨습니다. 그리고 제가 진심으로 '내 방법'을 내려놓고 '하나님의 방법'을 선택했을 때, 제가 원하던 것까지도 허락해주셨습니다.

자격 없는 제게 자격을 주신 하나님의 은혜를 어떻게 다 표현할 수 있을까요? 구원해주신 것도 큰 감사인데, 하나님의 말씀을 전하는 귀한 사명까지 맡겨주시니 몸 둘 바를 모르겠습니다. 사도 바울처럼 고백합니다.

"그러나 무엇이든지 내게 유익하던 것을 내가 그리스도를 위하여 다 해로 여길뿐더러 또한 모든 것을 해로 여김은 내 주 그리스도 예수를 아는 지식이 가장 고상하기 때문이라 내가 그를 위하여 모든 것을 잃어버리고 배설물로 여김은 그리스도를 얻고 그 안에서 발견되려 함이니 내가 가진 의는 율법에서 난 것이 아니요 오직 그리스도를 믿음으로 말미암은 것이니 곧 믿음으로 하나님께로부터 난 의라 내가 그리스도와 그 부활의 권능과 그 고난에 참여함을 알고자 하여 그의 죽으심을 본받아 어떻게 해서든지 죽은 자 가운데서 부활에 이르려 하노니"(빌 3:7-11).

이것이 저의 고백이자 사역의 방향입니다. 이제는 하나님의 의(義)이신 예수님을 드러내는 삶, 주님께 온전히 순종하며 그분이 걸어가신 길을 기쁨으로 따라가는 삶을 살고 싶습니다.

광야로 들어가며

평생을 헌신하겠다는 서원 후, 저는 캐나다에서 신학 공부를 시작했습니다. 그곳은 하늘나라의 사고방식을 배우는 광야였고, 이곳을 거친 자만이 하나님의 동역자로서 성장해간다는 것을 철저하게 깨달을 수 있었습니다.

만 8년의 광야 훈련 기간을 마치고 목사 안수 준비를 할 때 안수받기 한 달쯤 전 의미 있는 꿈을 꾸었습니다. 꿈에서 몇 사람과 함께 광야의 졸업식에 참석하고 있었는데 하나님께서 겉옷을 입혀주시자 모두가 대성통곡했습니다. 지난날 힘들었던 삶의 기억과 현재의 기쁨이 교차하는 순간이었기 때문입니다. 그곳에 있던 졸업생들은 서로를 위해 눈물로 기도했습니다. 꿈에서 깬 후에도 제 눈에는 여전히 많은 눈물이 흐르고 있었습니다.

또한 중보기도를 인도하는 가운데 하나님께서 제 아내에게 신명기 8장과 이사야서 61장의 말씀을 주셔서 제사장의 정체성을 확인해주셨습니다. 광야는 끝났지만, 새로운 여정이 시작되는 순간이었습니다.

그동안 저는 두 가지 '내 방법'을 가지고 있었습니다. 첫째는 '힘'이었습니다. 남자는 힘이 있어야 약한 사람을 지킬 수 있다고 믿었습니다. 하지만 그 힘은 오히려 상처만 남겼습니다. 둘째는 '법'이었습니다. 법을 알아야 정의를 실현할 수 있다고 믿었습니다. 하지만 법에도 한계가 있었습니다. 하나님은 제게 세 번째 방법을 보여주셨습니다. 바로 '복음'입니다. 복음만이 사람의 마음을 진정으로 변화시킬 수 있습니다.

이미 출간된 다음 권인 《광야훈련학교》에서는 만 8년간의 캐나다 광야 생활을 통해 제가 어떻게 '하늘나라의 사고방식'을 배워갔는지, 그 구체적인 이야기들을 나누었습니다.

- **광야의 자기부인 훈련**

  매 순간 내 뜻을 내려놓고 하나님의 뜻을 따르는 법을 배웠습니다.

- **광야의 경제적 훈련**

  통장 잔고 마이너스 24달러로 살아가며 하나님의 공급하심을 경험했습니다.

- **광야의 관계 훈련**

  언어도 통하지 않는 곳에서 겸손과 낮아짐을 배웠습니다.

- **광야의 사역 훈련**

  내 방법이 아닌 하나님의 방법으로 섬기는 법을 배웠습니다.

광야는 고통스러운 곳이었지만 동시에 하나님을 가장 깊이 만나는 곳이었습니다. 광야를 통과한 자만이 진정한 긍휼의 사역자가 될 수 있습니다.

당신도 지금 광야를 지나고 계십니까? 포기하지 마십시오. 하나님께서는 당신을 통과시키기 위해 광야로 인도하신 것이지, 광야에서 죽게 하려고 인도하신 것이 아닙니다. 광야의 끝에는 약속의 땅이 기다리고 있습니다. 그 약속의 땅에서 당신은 하나님께서 주신 사명을 감당하게 될 것입니다.

❶ 나는 어떤 '내 방법'을 가지고 있습니까?

사람은 각자 나름의 '내 방법'을 가지고 있습니다. 당신의 '내 방법'은 무엇입니까? 돈입니까? 지식입니까? 인맥입니까? 경험입니까? 그것에 의지하고 있지는 않습니까?

❷ 하나님의 방법과 내 방법이 충돌할 때, 나는 어떤 선택을 합니까?

저자는 결혼 문제를 통해 이 질문과 마주해야 했습니다. 처음에는 거짓말을 하면서까지 자신의 방법을 고집했습니다. 당신은 어떻습니까? 최근에 하나님의 방법과 내 방법이 충돌했던 경험이 있습니까? 그때 어떤 선택을 했습니까?

❸ 4박 5일이 아닌 평생의 헌신을 결단할 준비가 되어 있습니까?

저자는 처음에 4박 5일만 순종하려고 했지만 하나님은 평생을 원하셨습니다. 우리는 종종 "이것만 해결되면", "저것만 이루어지면" 하면서 조건부로 하나님께 순종하려고 합니다. 진정한 순종은 조건 없는 순종입니다. 당신은 준비되어 있습니까?

❹ 내가 가장 포기하기 힘든 것은 무엇입니까?

저자가 공들여 모은 법학책을 포기하기가 힘들었던 것처럼 당신이 내려놓기 어려워하는 것은 무엇입니까? 그 이유는 무엇입니까?

❺ 지금 나에게 필요한 회개는 무엇입니까?

회심은 하나님의 은혜로 한 번 일어나는 사건이지만, 성화의 과정에서 회개는 계속됩니다. 저자는 2004년 봄에 회심했지만, 그 후에도 삶의 구체적인 영역에서 계속 회개해야 했습니다. 지금 당신은 어떤 부분에서 하나님께로 돌이켜야 합니까?

긍휼을 경험한 마음의 응답은 예배입니다.

하나님의 긍휼을 받은 우리는

주일 한 시간이 아니라

168시간 전체를 하나님께 드리는

산 제물의 예배로 살아가야 합니다.

예배는 내 상황과 관계없이

선하고 긍휼하신 하나님께 드리는 믿음의 응답이며

다음세대로 전수되어야 합니다.

긍휼에 대한
가장 아름다운 응답

"감사와 찬양이 넘치는 삶"

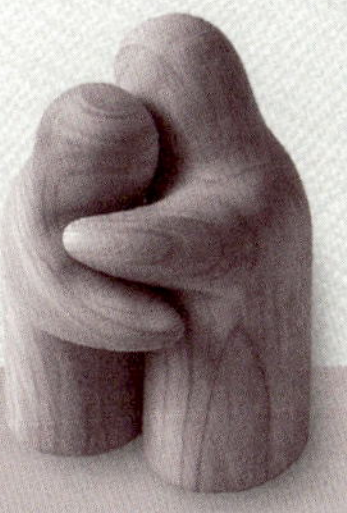

chapter 12

하나님의 긍휼에 마음으로 화답하기

긍휼을 경험한 자의 가장 합당한 응답

긴 여정이었습니다. 지금까지 하나님의 깊고 넓은 긍휼을 함께 경험해왔습니다. 광야에서 만난 하나님의 은혜, 고통 속에서도 함께하신 그분의 신실하심, 우리를 결코 포기하지 않는 그분의 사랑을 보았습니다. 그렇다면 이 놀라운 긍휼을 경험한 우리는 어떻게 살아야 할까요?

사도 바울도 같은 질문을 했습니다. 그는 로마서 1장부터 11장까지 하나님의 놀라운 긍휼과 구원의 은혜를 길고도 깊게 설명한 후, 12장에 이르러 이렇게 말합니다.

"그러므로"

이 한 단어가 모든 것을 연결합니다.

로마서를 이해하려면 전체 구조를 봐야 합니다.

- **1-8장** : 복음, 은혜와 긍휼이 무엇인지를 설명합니다.
- **9-11장** : 이스라엘의 구원에 대해 말합니다.
- **12-16장** : 복음에 합당한 삶, 삶으로 드리는 예배를 설명합니다.

하나님은 우리를 불쌍히 여기고 함께해주셨습니다. 죄와 고통과 절망 가운데 있는 우리를 친히 찾아오셔서 구원하셨습니다. 그렇다면 이제 우리는 어떻게 살아야 할까요?

바울의 대답은 분명합니다. 예배입니다. 주일에만 드리는 형식적인 예배가 아니라 우리 몸과 마음 전체를 드리는 산 제물의 예배입니다. 이것이야말로 하나님의 긍휼을 경험한 자가 드릴 수 있는 가장 합당한 응답입니다.

예배란 무엇일까요?

'예배? 그건 종교적인 사람들이나 하는 거 아닌가? 나는 교회도 다니지 않는데'라고 생각할지도 모르겠습니다. 하지만 예배는 단순히 일주일에 한 번 교회에 가서 찬송을 부르고 기도하는 종교 행위가 아닙니다. 예배는 내 삶의 주인이 누구인가를 선언하는 것입니다.

사실 모든 사람이 무언가를 예배하며 살아갑니다. 돈을 예배하는 사람은 아침에 일어나서 밤에 잠들 때까지 돈 생각을 합니다. 돈이 있으면 행복하고 없으면 불안합니다. 성공을 예배하는 사람도 있습니다. 남들보다 더 높은 자리에 오르는 것이 인생의 목표입니다. 성공하면 자랑스럽고, 실패하면 초라합니다. 다른 사람의 인정을 예배하는 사람도 있습니다. SNS에 올린 사진에 달린 '좋아요' 숫자가 그날의 기분을 좌우합니다.

하지만 그런 것들은 우리를 구원할 수 없고 우리의 고통 가운데 진정으로 함께할 수 없습니다. 돈이 외로움을 채워줄 수 없고 성공이 공허함을 해결할 수 없으며 다른 사람의 인정이 상처를 치유할 수 없습니다.

하지만 하나님은 다릅니다. 그분은 우리가 가장 비참한 순간에도 우리를 불쌍히 여기어 함께하십니다. 아무도 우리를 이해하지 못할 때 그분만이 우리를 이해하십니다. 모든 것이 무너져 내릴 때도 우리 곁에 계십니다. 그러므로 우리가 진정으로 예배할 분은 오직 하나님뿐입니다.

합당한 예배의 정신

합당한 예배가 어떤 것인지 알기 위해 먼저 타락한 예배를 살펴봅시다.

창세기 4장에는 인류 역사상 첫 번째 예배 이야기가 나옵니다. 가인과 아벨이 하나님께 제사드리는 장면입니다. 가인은 농부였기에 곡식으로, 아벨은 목자였기에 양으로 제사를 드렸습니다. 그런데 하나님은 아벨의 제사는 받으시고 가인의 제사는 받지 않으셨습니다. 왜일까요?

많은 사람이 "아벨은 피의 제사를 드렸고 가인은 곡식의 제사를 드렸기 때문이다. 피 흘림이 없이는 죄 사함이 없기 때문이다"라고 말합니다. 하지만 레위기 2장에 '소제'라는 제사가 나옵니다. 소제는 곡식으로 드리는 제사입니다. 히브리어로 '민하'라고 하는데, 이것은 신하의 나라가 왕의 나라에 충성을 표할 때 쓰는 단어입니다. 즉, 소제는 충성의 제사였습니다. 그렇다면 제물의 종류는 문제가 되지 않습니다.

문제는 예배자의 태도와 마음이었습니다. 만약 가인이 진정으로 하나님의 은혜를 아는 사람이었다면 가장 좋은 곡식을 정성스럽게 준비했을 것입니다. 그 진실한 마음과 태도가 예배에 나타났을 것입니다. 또한 예배가 거부당했을 때 "하나님, 어찌하여 제 예배를 받지 않으십니까?"라고 근심하며 겸손히 엎드려 회개했을 것입니다.

하지만 가인은 분노하고 짜증을 냈습니다. 급기야 자기 동생 아벨을 죽여버렸습니다. 이것이 바로 타락한 예배의 본질입니다. 하나님의 은혜를 모르고 내 힘과 노력으로 하나님을 조종하려는 예배입니다. 오늘날에도 가인의 예배는 계속되고 있습니다.

"하나님, 제가 십일조 냈으니까 복 주세요."

"하나님, 제가 봉사했으니까 제 기도 들어주세요."

"하나님, 제가 교회 열심히 다니니까 제 사업이 잘되게 해주세요."

이런 예배는 거래입니다. 주님의 긍휼을 모르는 예배입니다. 진정한 예배는 이렇게 고백하는 것입니다.

"하나님, 자격 없는 제가 구원받은 것도 은혜입니다. 일할 수 있는 능력을 주신 것도 은혜입니다. 십의 일뿐만 아니라 십의 구도 모두 하나님의 것입니다. 제 모든 삶이 하나님의 것입니다."

이것이 합당한 예배의 정신입니다.

너는 마음을 다하고 뜻을 다하고 힘을 다하여 네 하나님 여호와를 사랑하라 신 6:5

합당한 예배의 특징

하나님께서 기뻐 받으시는 합당한 예배는 어떤 것일까요?

그러므로 형제들아 내가 하나님의 모든 자비하심으로 너희를 권하노니 너희 몸을 하나님이 기뻐하시는 거룩한 산 제물로 드리라 이는 너희가 드릴 영적 예배니라 롬 12:1

거룩한 산 제물이 된다

바울은 우리 몸을 "하나님이 기뻐하시는 거룩한 산 제물"로 드리라고 말합니다. "산 제물"이란 무엇입니까? 일상에서 하나님을 사랑하고 일상에서 이웃을 사랑하는 것입니다. 내 인생 전체가 하나님의 것임을 선포하는 삶입니다. 직장에서, 가정에서, 학교에서, 어디서든 하나님의 사람으로 사는 것입니다. 주일에만 신앙인이고 월요일부터는 세상 사람처럼 사는 '선데이 크리스천'이 아닙니다.

진짜 예배는 일요일 한 시간에만 있는 것이 아닙니다. 많은 사람이 예배를 일요일에 교회에서 드리는 한 시간 정도의 행사로 생각합니다. 찬양을 부르고, 설교를 듣고, 기도하는 그 시간만 예배라고 여기는 것이지요.

하지만 성경이 말하는 예배는 훨씬 더 큽니다. 하나님은 우리의 일요일 한 시간만 원하시는 것이 아니라 우리의 전 생애를 원하십니다. 일주일은 168시간입니다. 그중 한 시간만 하나님께 드리고 나머지 167시간은 내 마음대로 산다면 그것은 진정한 예배가 아닙니다. 진정한 예배는 일주일 168시간 전체를 하나님께 드리는 것입니다.

월요일 아침 출근길에도, 화요일 점심시간에도, 수요일 밤 집에서 쉴 때도, 목요일에 회사에서 일할 때도, 금요일에 친구를 만날 때도, 토요일에 가족과 시간을 보낼 때도, 이 모든 시간이 하나님을 예배하는 시간이 될 수 있습니다. 이것이 바로 성경이 말하는 '살아있는 예배'입니다.

자발적인 기쁨의 예배를 드린다

"영적 예배"에서 '영적'이라고 번역된 헬라어 '로기코스'는 '합당한'이라는 의미입니다. '합당한 예배'란 형식이나 의례가 아니라, 마음과 진실로 드리는 예배입니다. 하나님의 은혜를 깊이 깨닫고 그 은혜에 감격하여 자발적으로 드리는 예배입니다. 이것을 이해하는 것이 중요합니다. 예배는 무거운 짐이 아닙니다. 사랑에서 우러나오는 기쁜 응답입니다.

부모님이 나를 낳고 길러주신 은혜를 생각하면, 감사하고 사랑으로 보답하고 싶은 마음이 절로 듭니다. 그것은 자녀의 당연한 도리이자, 마음 깊은 곳에서 솟아나는 진정한 기쁨이기도 합니다. 누가 강요해서 억지로 하는 것이 아닙니다. 은혜를 경험했기 때문에 자연히 그렇게 하고 싶어지는 것입니다.

그와 같이, 하나님의 긍휼을 경험한 사람은 예배가 피조물로서 창조주께 드려야 할 마땅한 본분임을 깨닫고 동시에 그 은혜에 감격하여 자연스럽게 예배하고 싶어집니다. 예배는 우리의 거룩한 특권이자 마땅한 의무입니다.

사람을 통해 배운다

성경 지식은 책으로 배울 수 있고 신학 이론도 강의를 통해 배울 수 있습니다. 하지만 합당한 예배는 말씀을 아는 것에서 그치지 않고 그 말씀대로 사는 삶을 통해 전수됩니다. 바른 교리 위에 세워진 순종의 삶은 다음세대에 물려줄 수 있는 가장 중요한 유산입니다.

특별히 이러한 예배는 부모와 멘토를 통해서 배웁니다. 2018년 한국갤럽 신앙실태조사 결과가 이를 뒷받침합니다. "자녀의 신앙에 가장 큰 영향을 끼친 사람이 누구입니까?"라는 질문에 "부모님"이라고 답한 비율이 90퍼센트를 넘었습니다. 반면 목회자는 2.2퍼센트에 불과했습니다.

왜 이런 결과가 나왔을까요? 자녀들이 부모의 삶을 통해 예배자가 무엇인지를 보았기 때문입니다. "예배가 중요하다"라고 백번 말하는 것보다 실제로 예배자로 사는 모습을 한 번 보는 것이 훨씬 더 강력한 교육입니다.

삶으로 가르치는 예배자의 모습

네 부모를 공경하라 그리하면 네 하나님 여호와가 네게 준 땅에서 네 생명이 길리라 출 20:12

제 어머니의 회갑 기념일에 제가 하나님께 올려드렸던 9가지 감사 제목을 나누며 진정한 예배자의 삶이 무엇인지 보여드리고 싶습니다.

1. 믿음의 유산을 물려주신 은혜

훌륭한 크리스천인 어머님의 태에서 제가 태어날 수 있도록 인도하신 하나님께 감사드립니다.

2. 어린 시절 신실한 예배 교육

일곱 살 때 비가 많이 오는 궂은 날씨에도 제 손을 꼭 잡고 예배를 드리러 교회로 인도하신 신실한 어머님을 주셔서 감사드립니다. 그날 저는 제 기도를 듣고 비를 그치게 하신 저의 하나님을 만날 수 있었습니다.

3. 헌신적인 사랑과 돌봄

아버지가 뇌종양 수술 후 2년 동안이나 말을 못 하고 반신이 마비되는 장애를 입으셨을 때 6개월 동안 병원에서 아버지와 함께 지내며 사랑과 헌신으로 아버지를 섬기고, 나머지 1년 6개월 동안은 70킬로그램이 넘는 아버지를 매일 기쁨으로 집에서 목욕시키고 운동시키셨던 어머님을 통해 크리스천의 섬김과 사랑을 제 눈으로 보게 하시고, 그 삶을 통하여 부부의 사랑과 의무를 가르쳐주신 하나님께 감사를 드립니다.

4. 절망 중에도 지킨 예배자의 삶

남편이 병으로 쓰러지고 어린 두 아들을 돌보아야 하는 극심한 절망과 고통의 순간에도 예배자의 삶이 얼마나 소중한지를 삶으로 보여주시며, 날마다 하루 두 번씩 아침저녁으로 가정예배를 드림으로, 실재하는 천국의 삶이 어떤 것인지를 제가 깨닫고 체험할 수 있도록 인도하신 신실한 어머님을 주셔서 감사합니다. 저는 지금도 그 천국의 예배를 사모합니다.

5. 삶으로 증거한 이웃 사랑

신장이식 수술을 하지 않으면 죽을 수밖에 없는 외삼촌을 위해 기꺼이 자신의 신장을 이식해줌으로 하나님께서 기뻐하시는 이웃사랑을 실천하고, 복음을 말로만이 아닌 삶으로 증거하셨던 어머님을 통하여 참된 이웃사랑의 방법과 복음 증거의 삶을 가르쳐주신 하나님께 감사를 드립니다.

6. 고난 중에도 변치 않은 믿음

눈에 넣어도 아프지 않을 사랑하는 둘째 아들을 그의 대학교 입학식 날 교통사고로 잃고 그 아들이 한 줌의 재가 되어 돌아왔을지라도 하나님을 원망하지 않으며 "하나님께서 모든 것을 아십니다!"라고 날마다 엎드려 눈물로 기도한 어머님을 통해, 어떠한 상황 가운데서도 "주신 이도 여호와시요 거두신 이도 여호와시오니 여호와의 이름이 찬송을 받으실지니이다"라는 욥의 고백이 크리스천의 고백임을 가르쳐주신 하나님께 감사를 드립니다. "당신의 은혜는 우리에게 충분합니다!"라는 신앙을 어머님의 삶을 통해 가르쳐주신 하나님께 감사를 드립니다.

7. 선교사로서의 헌신

50대 후반에 선교사가 되어 캐나다로 파송되어 오셨을 때, 모든 사람이 무시하며 비웃고 심지어 아들인 저마저도 이해할 수 없었을 때, 선교사는 현지 언어를 습득해야 한다며 전도하실 때마다 사용하던 암송 구절 120구절을 영어로 아들과 며느리 앞에서 더듬더듬 외우셨던 어머님을 통해 선교사의 사명과 언어 훈련의 중요성을 가르쳐주신 하나님께 감사를 드립니다.

8. 전도하는 삶

지난 3년 동안 비가 오나 눈이 오나 하루도 빠짐없이 매일 땅밟기 기도를 하며 2,000명에게 전도했던 어머님, 하루에 한 명이라도 전도하지 않으면 전도할 때까지 집에 돌아오지 않으셨던 어머님. 때로는 중고등학생들이 어머님 앞에서 담배를 피우면서 모욕적인 말을 할지라도 그들을 축복하며 하나님께 감사를 드렸던 어머님을 통해 전도와 선교의 삶으로 영혼을 사랑하는 삶을 가르쳐주신 하나님께 감사를 드립니다.

2,000명에게 전도해도 열매가 없는 상황 가운데서 하나님께서 모든 것을 아신다며 포기하지 않으신 어머님에게, 이 아들이 어머님의 열매라고 말씀해주시고 이 아들을 통하여 많은 영혼을 주님께로 인도하게 하시니 그 크신 은혜에 감사를 드립니다.

9. 겸손한 섬김의 모습

부족한 아들과 며느리를 항상 사랑과 겸손으로 섬기고 격려해주시는 어머님을 통해 섬김의 종이 어떤 모습인지를 가르쳐주신 하나님께 감사를 드립니다.

절망적인 순간에 드린 예배

제 삶에서 가장 기억에 남는 예배는 바로 동생의 죽음이 있었던 주간의 주일예배였습니다. 그 당시 어머니는 교회학교에서 소년부 교사로 섬기고 계셨습니다. 교통사고로 소중한 둘째 아들을 잃고 괴로운 심정으로 매일 눈물만 흘리던 어머니에게 주일이 찾아왔습니다.

그런 상황에서 예배드릴 수 있을까요? 너무 괴로워서 소년부 예배에 참석할 수 없을 것만 같았습니다. "예수님을 믿었는데 일찍 과부가 되었고, 한 아들은 죽었고, 한 아들은 알코올 중독자…. 그렇게 예수 믿은 게 복이냐?" 하며 손가락질할 사람들의 시선도 두려웠을 것입니다. 하나님이 원망스러웠을 것입니다. 그런데 어머니는 이렇게 생각하셨다고 합니다.

'내가 교회에 가지 않으면 내게 맡겨진 소년부 영혼들은 부모 없는 고아처럼 다른 반으로 뿔뿔이 흩어져서 예배를 드리고 분반 공부를 해야 해. 자녀를 잃은 것도 괴로운데, 하나님께서 보내주신 영적인 자녀들이 또 흩어지는 것을 생각하니 더 괴로워.'

육신의 아이도 우리 자녀지만, 교회 안에 있는 차세대 아이들도 예수님 안에서 우리의 자녀입니다. 그래서 어머니는 눈물을 흘리면서도, 맡겨진 영혼들을 위해 예배에 참석하셨습니다.

하지만 분반 공부 시간에 도저히 아이들에게 말씀을 가르칠 수 없어서 "애들아, 정말 미안하다. 며칠 전에 너희 형이 죽어서 그래…" 하고는 펑펑 우셨습니다. 그 아이들도 함께 울었습니다.

"너희는 먼저 그의 나라와 그의 의를 구하라"(마 6:33)의 말씀대로 사는 것이 바로 이런 것입니다. 한 아들은 교통사고로 죽고, 다른 한 아들은 술주정뱅이가 되어버린 소망 없는 끔찍한 상황에서도 주님께 예배드리러 가셨던 어머님…. 그 예배를 통해 소년부 아이들은 무엇을 배웠을까요?

'예배는 이런 거구나. 인생에 있어서 가장 비참할 때도 우리가 섬겨야 할 분, 우리의 슬픔과 탄식과 비통함마저도 받으시기에 합당한 분이 계시는구나….'

'인생의 가장 큰 비통함이 올지라도 우리가 경배할 그분이 있구나.'

아이들은 어머니의 모습을 통해 눈으로 보고 배웠습니다. 말로 백 번 가르치는 것보다 삶으로 한 번 보여주는 것이 더 큰 교육입니다.

긍휼을 입은 자는 자기감정과 생각을 넘어 주님의 말씀을 따라가며 살아갑니다. 풀은 마르고 꽃은 시들어도 우리 하나님의 말씀은 영원히 서기 때문입니다(사 40:8).

요즘 감정이 상하면 주일예배에 안 나가거나 예배를 드리지 않는 사람이 많이 보입니다. 그것은 주님의 긍휼보다 자신의 상처와 감정에 매몰되어 있기 때문입니다. 그러나 그럴수록 상처는 더 커집니다. 예배의 자리에 서 있어야 합니다. 저희 어머니처럼 상한 감정을 넘어서서 주님께 나아가고, 주님의 긍휼하심에 의지하여 더욱 예배의 자리로 나아가야 합니다.

어머니의 예배를 하나님은 기쁘게 받으셨습니다. 이 일 이후로 놀라운 일이 일어났습니다. 어머니의 반에 학생이 계속해서 늘기 시작했습니다. 감당이 안 될 정도로 아이들이 몰려와서 얼마 지나지 않아 반을 나눠야 했습니다. 어머니의 예배에 감동하신 하나님이 반을 나눌 만큼 많은 아이를 보내주신 것입니다.

그해 말에 어머니는 전남노회에서 주는 최우수 교사상을 받으며 "하나님께서 하셨습니다. 하나님, 감사합니다! 저 같은 사람을 사용하여주셔서 감사합니다"라고 말씀하셨습니다. 어머니가 항상 하시는 말씀이 있습니다.

"대통령상, 국무총리상 부럽지 않아. 비천한 자들을 기억해주시는 이에게 감사하라 그 인자하심이 영원함이로다. 하나님이 비천한 나를 기억해주셨어."

소년부 아이들은 어머니의 삶을 통해 우리가 예배를 어떻게 드려야 하는

지를 배울 수 있었습니다. 하나님께 드려지는 예배는 가장 소중하며, 우리 인생 가운데 최우선 순위가 되어야 한다는 것을 말입니다.

이것이 바로 예배는 사람을 통해 배운다는 진리입니다. 성경 지식과 신학 이론은 책이나 강의로 배울 수 있지만 합당한 예배는 다릅니다. 예배는 말씀대로 사는 삶을 통해서만 다음세대에 전달됩니다.

당신이 진정한 예배자를 만난다면 그것은 큰 축복입니다. 그 사람을 통해 당신은 하나님이 누구신지를 배우게 될 것입니다. 만약 당신이 하나님의 긍휼을 경험하여 예배자가 된다면 이제는 당신이 다른 사람에게 그 삶을 보여줄 차례입니다. 특별히 당신의 자녀에게 말입니다. 바른 교리 위에 세워진 순종의 삶이 다음세대에게 물려줄 가장 중요한 유산이기 때문입니다. 저는 바로 이 원리를 제 삶으로 경험하고, 한 예배자의 삶이 어떻게 다음세대를 변화시키는지를 보게 되었습니다.

사람을 통해 전수되는 예배의 능력

동생의 죽음 후 저는 삶의 소망을 잃었습니다. 내 인생을 원망하며 매일 술만 마시는 알코올 중독자가 되었습니다. 교회 다니는 사람으로서 어머니에게 얼마나 창피한 일입니까? 한 아들은 죽고 남은 아들은 술주정뱅이가 되어 거리를 헤매고 다니는 것을 보며 사람들은 수군거렸을 것입니다.

"그렇게 예수 믿어도 소용없네…."

"애들 교육도 제대로 못 했어…."

하지만 진정한 예배자는 사람의 평가가 아니라 하나님의 시선에 집중합니다. 어머니는 사람들의 시선을 보기보다 하나님을 바라보셨습니다. 그리고 하나밖에 없는 아들인 저를 위해 더욱 간절히 기도하셨습니다. 하루도 빠지지 않고 7년간 기도하셨고, 저를 위해서만 12시간 동안 기도한 날도 있었습니다. 때로 기도할 말이 없어지면 주님이 가르쳐주신 기도에 한 구절 한 구절마다 제 이름을 넣어서 기도하셨습니다.

"하늘에 계신 우리 아버지여, 이름이 거룩히 여김을 받으시며, 나라가 임하시며, 뜻이 하늘에서 이루어진 것같이 현호의 삶 가운데도 이루어지리이다. 오늘 현호에게 일용할 양식을 주시고, 현호의 죄를 사하여 주시옵시고, 현호를 시험에 들게 하지 마시고 다만 악에서 구하옵소서…."

아버지가 자식을 긍휼히 여김같이 여호와께서는 자기를 경외하는 자를 긍휼히 여기시나니 이는 그가 우리의 체질을 아시며 우리가 단지 먼지뿐임을 기억하심이로다 인생은 그 날이 풀과 같으며 그 영화가 들의 꽃과 같도다 그것은 바람이 지나가면 없어지나니 그 있던 자리도 다시 알지 못하거니와 여호와의 인자하심은 자기를 경외하는 자에게 영원부터 영원까지 이르며 그의 의는 자손의 자손에게 이르리니 시 103:13-17

긍휼의 하나님은 어머니가 7년 동안 간절히 올려드린 기도에 응답해주셨습니다. 그 기도가 7년 만에 응답받아 저는 하나님의 놀라운 은혜로 구원받고 예배자가 되었습니다. 극심한 고난과 고통 가운데서도 예배자의 삶을 보여주신 어머니처럼 저도 극심한 고난과 고통 가운데서 하나님께 엎드리게 되었습니다. 어머니의 삶을 통해 배운 그대로 저도 살아계신 하나님께 예배드리고 간절히 기도하는 사람이 되었습니다.

이것이 바로 예배가 사람을 통해 전수되는 능력입니다. 이것을 보십시오.

한 어머니의 예배가 아들을 변화시켰습니다. 술주정뱅이, 알코올 중독자, 소망 없는 청년이 예배자가 되었습니다. 이것이 바로 복음의 능력입니다. 이것이 바로 하나님의 긍휼입니다.

당신도 누군가의 기도 대상일 수 있습니다. 당신의 어머니가, 당신의 아버지가, 당신의 친구가 당신을 위해 기도하고 있을지 모릅니다. 그 기도를 무시하지 마십시오. 하나님은 응답하십니다.

저도 처음에는 예배가 무엇인지 몰랐습니다. 교회에 가서 찬송을 부르고 기도하는 것이 예배라고 생각했습니다. 그것을 예배의 전부로 알았습니다. 하지만 어머니의 삶을 통해, 그리고 하나님의 긍휼을 경험하면서, 예배는 일주일에 한 번 교회에서 드리는 한 시간의 행사가 아니라는 것을 알게 되었습니다.

예배는 하나님을 내 인생의 주인으로 인정하고 선포하며 1주일 168시간 전체를 하나님께 드리는 삶이었습니다. 가장 절망적인 순간에도 주님을 신뢰하고 고통 중에도 주님께 나아가는 것, 자녀에게 말이 아닌 삶으로 신앙을 보여주는 것. 이 모든 것이 예배였습니다.

다음세대로 이어지는 예배

그 후로 10년이 지난 이제는 어머니의 손자와 손녀도 예배자가 되었습니다. 토요일이면 3대가 함께 모여 예배를 드렸는데 한 번은 제가 사흘간 다른 지역에서 부흥회와 주일예배를 섬겨야 해서 토요예배를 인도할 수 없었습니다. 어머니나 아내가 예배를 인도하리라 생각했는데 토요일에 아들 샘이 성경책을 가슴에 품고 왔다 갔다 하더랍니다. 그래서 어머니가 "샘아! 왜 그렇게 성경책을 가슴에 품고 왔다 갔다 하니?"하고 물으시자 아이가 이렇게 대답했다고 합니다.

"할머니와 아버지가 그랬던 것처럼 저도 하나님 말씀을 받는 중입니다! 아빠가 저한테 '아빠가 없을 때는 네가 가장이니 잘해'라고 했어요. 오늘은 아빠가 없으니 제가 가정예배를 인도해야 해요."

그날도 우리 가족은 가정예배를 드렸습니다. 늘 하던 대로 먼저 사도신경을 고백하고 찬송가 두 곡을 부르고 샘이 하나님의 말씀을 선포했다고 합니다. 사도행전 27장의 본문과 '보호하시는 하나님'이라는 제목으로 말씀을 전했는데 어머니가 큰 은혜를 받으셨다고 합니다.

가정예배 때 말씀 선포 후 하나님의 음성 듣는 시간을 가지는데, 샘은 가족 모두에게 말씀하신 하나님의 음성을 일일이 기록한 후, 결단 기도와 중보기도를 인도하고 주기도문으로 예배를 마쳤다고 합니다.

저는 이 소식을 듣고 깜짝 놀랐습니다. 가정예배를 어떻게 인도하는지 가르쳐준 적이 없는데 아이가 보면서 배웠습니다. 아이들은 보는 대로 배우기 때문에 가르치는 대로 살아가는 것이 얼마나 중요한지를 깨달을 수 있었습니다. 지금은 아내가 아이들과 함께 매일 주야로 예배드리고, 저는 일주일에 한 번씩 아이들에게 일대일 제자훈련을 시키고 있습니다.

주중에는 혼자서 아이들을 돌보고 집안일을 하며 주말에는 시어머니와 남편을 돌보던 아내가 과로로 쓰러져 입원한 적이 있습니다. 주어진 일들을 다 마치고 응급실로 가는 길, 제 입에서 "주께 감사하세 그는 선하시며 인자하심이 영원함이라 내가 감사하리 그는 선하시며 인자하심이 영원함이라" 하고 찬양이 흘러나왔습니다.

제가 이렇게 비천한 가운데서도 저를 기억하시는 주님이 계셔서 감사할 수 있었습니다. 변하지 않는 하나님의 인자하심이 저를 붙들고 있어 감사할 수 있었습니다.

감사하게도 아내는 당일에 퇴원할 수 있었습니다. 집에 와서 아내는 안방에서 쉬고 저는 지쳐서 거실 소파에 잠시 누워있는데, 작은방에서 샘과 에스더의 찬양 소리가 들렸습니다.

"나는 하나님을 예배하는 예배자입니다. 내가 서 있는 곳 어디서나…"

우리 가정은 저녁 8시가 되면 가정예배를 드립니다. 그런데 아이들이 보기에 아빠와 엄마는 몸이 불편하시니 자기들끼리 예배를 드리는 게 낫다고 생각한 것 같습니다.

"얘들아, 예배드리고 있구나! 거실에서 드려도 돼. 아빠가 힘들지만, 너희가 인도하는 예배를 보고 싶구나!"

샘과 에스더는 거실에서 가정예배를 드린 후, 지친 저와 아내 그리고 어머니를 위해 간절히 중보기도를 했습니다. 이때는 저와 아내도 지쳐 있었지만, 어머니는 알츠하이머 치매 판정을 받은 상태였습니다.

하나님은 우리 가정에 큰 은혜를 베풀어주셨습니다(저는 하나님이 이 은혜를 베풀어주신 이유 중 하나가 바로 샘과 에스더의 기도라고 믿고 있습니다). 반년 만에 놀라운 일이 일어났는데 어머니가 쓰러졌던 순간을 제외한 모든 기억을 온전하게 회복하신 것입니다. 병원에서도 놀라워하며 몇 번의 검사를 거듭했는데 결과는 '경도인지장애'만 있는 상태였습니다.

더 놀라운 것은, 치매 판정을 받은 지 6년이 지나 최근에 바로 그 병원에서 재검사를 받았을 때 의사 선생님이 이렇게 말씀하신 것입니다.

"어머님, 치매로 갈 일이 절대로 없는 상태입니다. 의학적으로 설명하기 어려운 회복입니다."

하지만 더 중요한 것이 있습니다. 치유되지 않았을지라도 우리는 여전히 주님을 예배했을 것이라는 사실입니다. 우리가 예배하는 이유는 치유를 받아서가 아니라 긍휼의 하나님이 우리와 함께하시기 때문입니다.

내 인생의 주인은 누구인가

많은 사람이 하나님을 믿으면 병이 낫고, 기도하면 원하는 것을 다 이루고, 교회 다니면 복을 받는다고 생각합니다. 원하는 것을 얻지 못하면 실망하고, 병이 낫지 않으면 하나님을 원망하고, 형편이 나아지지 않으면 신앙을 포기합니다. 하지만 이것은 '가인의 예배'요 하나님과의 거래입니다.

우리가 예배를 드리는 이유는 병이 나았기 때문이 아니라 긍휼의 하나님께서 고통 가운데 함께하시기 때문입니다. 형편이 좋아져서가 아니라 생사화복의 주권이 하나님께 있음을 믿기 때문입니다. 문제가 해결되었기 때문이 아니라 어떤 상황과 환경에서도 우리 주님이 함께하시기 때문입니다.

어머니가 가장 절망적인 순간에 예배를 드린 것은 작은아들이 살아 돌아올 거라는 기대가 있어서가 아니었습니다. 큰아들이 술을 끊을 거라는 확신이 있어서가 아니었습니다. 단지 하나님께서 우리의 슬픔마저도 받아주실 분이고 가장 비참한 순간에도 함께하시는 분이기 때문이었습니다.

이것이 우리에게 고난을 이길 힘을 줍니다. 치유의 결과를 붙들면 치유가 안 될 때 무너집니다. 형편의 개선을 붙들면 형편이 나아지지 않을 때 절망합니다. 문제의 해결을 붙들면 문제가 계속될 때 포기합니다. 하지만 함께하시는 하나님을 붙들면 어떤 상황에서도 흔들리지 않습니다. 우리가 두려워하지 않는 이유는 골짜기가 없어져서가 아니라 주께서 함께하시기 때문입니다.

시 23:4

이제 가장 중요한 질문을 드리겠습니다. 당신 인생의 주인은 누구입니까? 돈입니까? 성공입니까? 다른 사람의 인정입니까? 아니면 당신 자신입니까? 정직하게 답해보십시오.

당신이 아침에 일어나서 밤에 잠들 때까지 가장 많이 생각하는 것은 무엇입니까? 그것을 얻으면 행복하고 잃으면 불안한 것이 무엇입니까? 그것이 바로 당신이 실제로 예배하고 있는 대상입니다. 그게 돈이든 사람이든 성공이든 어떤 만족이든, 그것들은 당신이 가장 비참한 순간에 진정으로 함께할 수 없습니다. 당신이 병상에 누웠을 때, 사랑하는 사람을 잃었을 때, 인생이 무너져 내릴 때, 그것들은 당신을 구원하지 못합니다.

하지만 하나님은 당신이 가장 힘들고 비참할 때도 당신을 불쌍히 여기며 함께하십니다. 아무도 당신을 이해하지 못할 때도 당신을 이해하시고, 모든 것이 무너져 내릴 때도 당신 곁에 계십니다. 당신이 회복 불가능해 보일 때도, 하나님은 당신을 포기하지 않으십니다.

어머니가 가장 절망적인 순간에도 예배의 자리를 지킨 이유가 바로 이것입니다. 하나님은 우리의 슬픔과 탄식마저도 받아주시고, 가장 비참한 순간에도 함께하시는 분이기 때문입니다.

그러므로 우리가 진정으로 예배할 분은 오직 하나님이십니다. 돈이나 성공이나 사람을 예배하는 것은 노예의 삶입니다. 그것들이 있으면 행복하고 없으면 불행한, 그것들에 좌우되는 삶입니다.

하지만 하나님을 예배하는 것은 자유입니다. 형편이 좋든 나쁘든, 건강하든 아프든, 성공하든 실패하든, 변치 않는 분께 내 삶의 뿌리를 내리는 것입니다. 이것이 진정한 예배이고 진정한 자유입니다. 놀랍게도, 이렇게 살 때 세상이 줄 수 없는 평안과 기쁨을 경험하게 됩니다.

혹시 이런 생각을 하고 있다면, 다시 생각해보세요.

'하나님을 믿으면 내 병이 나을까?'

'교회에 다니면 내 사업이 잘될까?'

'기도하면 내 소원이 이루어질까?'

이것은 잘못된 질문입니다. 올바른 질문은 이것입니다.

'하나님은 내 고통 가운데 함께하시는 분인가?'

'하나님은 나를 불쌍히 여기고 사랑하시는 분인가?'

'하나님은 내가 가장 비참할 때도 나를 버리지 않으시는 분인가?'

그 답은 언제나 "예"입니다.

그 사실을 깨달을 때 당신도 예배자가 될 것입니다. 결과와 형편, 상황과 상관없이 예배하는 사람이 될 것입니다. 당신에게는 함께하시는 하나님이 계시기 때문입니다.

그렇게 예배할 때 하나님은 우리의 기대를 넘어서는 은혜를 베푸십니다.

제 어머니의 치유가 그 증거입니다. 하지만 치유가 없었더라도 우리에게는 이미 가장 큰 선물이 있었습니다. 긍휼의 하나님이 우리와 함께하신다는 사실입니다.

진정한 예배의 출발점

다시 로마서 12장 1절로 돌아갑니다.

하나님의 긍휼을 경험한 우리의 가장 합당한 응답은 예배입니다. 주일 한 시간의 예배가 아니라, 온 삶을 드리는 예배입니다. 최악의 상황 가운데서도 주님께 나아가는 예배입니다. 자녀에게 말로만이 아니라 삶으로 보여 주는 예배입니다.

혹시 당신이 아직 하나님을 믿지 않는다면, 이 이야기를 통해 무엇을 보았습니까? 한 어머니가 가장 절망적인 순간에도 포기하지 않았던 것을 보았을 것입니다. 그 어머니의 예배가 아들을 변화시켰고, 그 아들이 또 자녀들을 변화시켰습니다. 이것이 복음의 능력이며 하나님의 긍휼입니다.

당신도 이 긍휼을 경험할 수 있습니다. 당신이 지금 어떤 고통과 절망 가운데 있든, 하나님은 당신을 불쌍히 여기며 함께하기를 원하십니다. 하나님의 긍휼을 경험한다면 당신도 예배자가 될 것입니다. 그것이 피조물로서 창조주께 드려야 할 마땅한 응답이면서 동시에 사랑에서 우러나오는 기쁜 고백이 될 것입니다.

당신이 이제 막 신앙생활을 시작한 초신자라면 이것을 기억하십시오. 예배는 하나님의 자녀에게 주어진 거룩한 특권이자 마땅한 본분입니다. 그러나 그것이 무거운 짐이 되어서는 안 됩니다. 하나님의 은혜를 알수록 예배는 기쁨이 됩니다.

처음에는 낯설고 어색할 수 있습니다. 찬송가도 모르고, 기도도 서툴고, 성경도 어려울 수 있습니다. 괜찮습니다. 중요한 것은 형식이 아니라 마음입니다. 하나님께서는 당신의 진실한 마음을 보십니다. 그리고 당신이 피조물로서 창조주 하나님께 예배드리는 것을 기뻐하십니다.

예배는 사람을 통해 배우는 것입니다. 좋은 멘토를 만나십시오. 진정한 예배자를 찾으십시오. 그들의 삶을 통해 당신도 배우게 될 것입니다.

당신이 오랫동안 신앙생활을 해온 사람이라면 당신의 예배가 가인의 예배인지 아벨의 예배인지 점검해보십시오. 당신은 하나님과 거래하고 있습니까, 아니면 진심으로 경배하고 있습니까? 당신의 자녀는 당신의 삶을 통해 예배를 배우고 있습니까?

기억하세요. 합당한 예배는 삶으로 드리는 예배입니다. 주일 한 시간만이 아니라 168시간 전체를 하나님께 드리는 예배입니다. 당신이 직장에서, 가정에서, 학교에서, 시장에서 어떻게 사느냐가 바로 당신의 진짜 예배입니다.

손자는 노인의 면류관이요 아비는 자식의 영화니라 잠 17:6

하나님은 어머니의 '예배자의 삶'을 통해 아들을 세우셨고, 그 아들을 통해 손자와 손녀를 세우셨습니다. 3대에 걸쳐 예배자의 영성이 흘러가고 있습니다. 이것이 바로 하나님의 긍휼을 경험한 자가 드릴 수 있는 가장 아름다운 응답입니다.

어머니가 많이 회복된 어느 날, 함께 동네의 둘레 길을 걸으며 제게 이렇게 말씀해주셨습니다.

"아들아! 하나님이 우리 가정의 기업이요 선물이다! 우리 가정의 가장 큰 자랑이 바로 하나님이시다! 잊지 말고 꼭 기억해야 한다! 이제 나는 죽어도 여한이 없다. 바로 너희 부부와 손자, 손녀가 하나님을 경외하는 예배자가 되었기 때문이다!"

그렇습니다! 살아계신 하나님, 긍휼의 하나님, 은혜의 하나님, 신실하신 하나님이 바로 우리 가정의 가장 큰 복이며 선물이며 기업이며 모든 것임을 고백합니다.

하나님의 긍휼을 경험했다면 이제 우리도 긍휼의 예배자로 살아가야 합니다. 아무리 어려운 상황에서도 주님을 최우선으로 두는 예배자, 자녀들에게 삶으로 신앙을 보여주는 예배자, 하나님의 임재 앞에 엎드려 기도하는 예배자로 말입니다.

여정의 마침표, 그리고 새로운 시작

우리는 하나님의 긍휼이 무엇인지 배웠습니다. 광야가 무엇이며, 그곳에서 하나님이 어떻게 우리를 빚으시는지 보았습니다. 고통 가운데서도 함께하시는 하나님을 만났고 우리를 절대 포기하지 않는 그분의 신실하심을 경험했습니다. 그리고 이제 마지막 장에서 "그렇다면 우리는 어떻게 살아야 하는가?"라는 가장 중요한 질문에 도달했습니다.

그 질문의 답은 예배입니다. 하지만 예배는 끝이 아니라 새로운 시작입니다. 일요일 아침, 교회에서 찬양하고 설교 듣는 그 시간은 예배의 전부가 아니라 예배의 시작일 뿐입니다. 당신이 이 책을 덮을 때, 당신의 진짜 예배가 시작됩니다. 내일 아침 눈을 뜨는 순간부터 예배는 시작됩니다.

출근길에 운전대를 잡는 시간이 예배가 될 수 있습니다. 직장에서 맡은 일에 최선을 다하는 것, 점심시간에 동료와 나누는 진실한 대화도 예배입니다. 저녁에 지친 몸으로 집에 돌아와 가족을 위해 시간을 내어주는 것, 그것이 예배입니다. 주말에 쉬면서 창조주 하나님이 주신 회복의 시간을 누리는 것 역시 예배입니다. 예배는 당신의 모든 삶입니다.

왜 이 모든 것이 예배가 될까요? 하나님께서 당신을 구원하신 목적이 바로 이것이기 때문입니다. 하나님은 당신이 일주일에 한 번, 한두 시간만 그분의 것이 되기를 원하지 않으십니다. 그분은 당신의 전부를 원하십니다. 로마서 12장 1절이 말씀하듯 당신의 몸, 즉 당신의 삶 전체를 하나님께 드리는 것이 진정한 영적 예배입니다.

일주일 168시간 중 당신이 교회 밖에 있는 나머지 166시간도 하나님의 것입니다. 그 시간 속에서 당신이 일하고, 말하고, 사람을 대하고, 결정을 내리는 그 모든 것이 예배가 됩니다. 일요일 아침뿐만 아니라 가정과 직장, 모든 만남 가운데서 매 순간 크리스천으로 살아야 합니다.

이것이 바로 복음이 우리 삶에 가져오는 변화입니다. 예수님이 당신의 죄를 용서하고 새 생명을 주신 이유는 당신이 하나님을 위해 살도록 하기 위함입니다. 더는 당신의 기준과 방식대로 살지 않고, 하나님을 기쁘시게 하는 방식으로 사는 것입니다. 이것은 종교적인 의무가 아닙니다. 억지로 하는 것이 아니라 사랑의 응답입니다. 나를 구원해주신 하나님께 감사하며 그분을 기쁘시게 하고 싶은 마음으로 사는 것입니다.

이 여정에서 기억해야 할 가장 중요한 진리가 있습니다.

당신은 혼자가 아닙니다. '168시간 전체를 예배로 산다니, 너무 어렵지 않을까?' 하고 두려울 수 있습니다. 하지만 걱정하지 마세요. 당신 혼자 하는 것이 아닙니다. 광야를 걸을 때도, 고통이 찾아올 때도, 절망이 엄습할 때도 하나님이 당신과 함께 계십니다.

그분은 당신을 불쌍히 여기시는 긍휼의 하나님입니다. 그분은 당신을 결코 포기하지 않으시는 신실한 하나님입니다. 그분은 당신의 약함까지도 기억하고 도우시는 사랑의 하나님입니다. 성령께서 당신 안에 거하시며 당신이 예배자로 살 수 있도록 힘을 주십니다. 당신이 순종할 때, 성령께서 당신을 변화시키십니다.

삶으로 증거하는 예배자가 되십시오. 이제 당신도 다른 사람에게 예배자의 모습을 보여주어야 합니다. 특별히 당신의 자녀에게, 가족에게, 당신 주변의 사람들에게 말입니다. 입으로만 "하나님이 좋다"라고 백번 말하는 것보다 삶으로 한 번 보여주는 것이 더 큰 증거입니다.

당신이 직장에서 정직하게 일하는 모습을 볼 때 사람들은 배웁니다. 당신이 어려운 상황에서도 주님을 신뢰하는 모습을 볼 때 사람들은 감동합니다. 당신이 가정에서 사랑으로 섬기는 모습을 볼 때 당신의 자녀는 하나님이 누구신지 알게 됩니다. 이것이 복음이 전해지는 방식입니다. 말이 아니라 삶으로, 이론이 아니라 실천으로, 교회 안에서만이 아니라 일상의 삶 전체로 복음을 증거하는 것입니다.

사랑하는 독자 여러분, 이 책을 처음부터 끝까지 함께 읽어주셔서 감사합니다. 당신이 신앙 여정의 시작점에 있다면, 이 책을 통해 하나님의 긍휼을 경험하고 그분께로 나아오는 계기가 되기를 기도합니다. 당신이 신앙의 첫걸음을 내디뎠다면 이 책을 통해 신앙의 기초가 튼튼히 세워지고 예배자로 성장하는 은혜가 있기를 기도합니다. 당신이 오랫동안 신앙 여정을 걸어왔다면 이 책을 통해 처음 사랑을 회복하고 삶으로 드리는 예배자로 새롭게 헌신하는 기회가 되기를 기도합니다.

하나님의 긍휼을 경험한 우리에게는 이제 '삶으로 드리는 예배'라는 특권이 주어졌습니다. 일주일의 168시간 전체를 하나님께 드리는 산 제물의 예배, 고난 가운데서도 주님을 신뢰하는 예배, 자녀들에게 삶으로 보여주는 예배, 이것이 바로 하나님께서 기뻐 받으시는 합당한 예배입니다. 그 예배의 여정에 하나님의 풍성한 은혜와 평강이 함께하기를 축복합니다.

당신은 혼자가 아닙니다. 긍휼의 하나님이 당신과 함께 계십니다.

소그룹 나눔 질문

❶ 하나님의 긍휼을 경험한 적이 있습니까?

당신의 인생에서 하나님이 당신을 불쌍히 여기고 함께하셨던 순간들을 나누어보세요.

❷ 나의 예배는 형식입니까, 아니면 진심입니까?

당신이 드리는 예배는 하나님과의 거래입니까, 아니면 사랑의 응답입니까? 솔직하게 나누어보세요.

❸ 나의 삶을 통해 누군가가 예배를 배우고 있습니까?

당신의 삶을 보는 사람들(특히 자녀들)이 당신을 통해 무엇을 배우고 있다고 생각하십니까?

④ 나는 고난과 시련 가운데서도 예배할 준비가 되어 있습니까?

최악의 상황이 찾아와도 여전히 하나님을 예배할 수 있습니까? 그 이유는 무엇입니까?

⑤ 나의 168시간은 어떻게 사용되고 있습니까?

일주일 168시간 중에서 얼마나 많은 시간이 하나님께 드려지는 예배의 시간이라고 생각하십니까? 구체적으로 어떤 변화가 필요할까요?

고난받는 사람이 긍휼을 전하는 사람으로

원고를 마무리하며 다시 2007년 그 여름을 떠올립니다. A국 선교지에서 왼쪽 가슴이 불타던 순간, 하나님은 제 지난 시간에 완전히 새로운 의미를 부여해주셨습니다. 그때까지 저는 가족에게 차례로 닥친 고난과 비극으로 제 인생을 '고통의 연대기'로 규정해왔지만, 하나님은 그 고통을 통해 그분의 긍휼을 들려주셨습니다. 저는 '고난받는 사람'이라고 생각했지만, 하나님은 저를 '긍휼을 전하는 사람'으로 부르셨습니다.

이것은 역설입니다. 하지만 복음은 언제나 십자가의 역설로 시작됩니다. 가장 낮은 곳에서 가장 높은 구원이 이루어지고, 가장 깊은 상처에서 가장 큰 생명이 흘러나옵니다. 가장 어두운 절망의 순간에 가장 밝은 소망의 빛이 비칩니다.

이 책을 읽으며 당신도 그 역설을 경험하셨을 것입니다. 상처받은 마음이 치유의 통로가 되고, 눈물의 기도가 감사의 예배가 되고, 절망의 자리가 소망의 터전이 되는 놀라운 경험을 말입니다.

여전히 저는 완전하지 않습니다. 당신도 마찬가지일 것입니다. 이 책을 읽었다고 해서 모든 문제가 해결된 것은 아닙니다. 여전히 아픈 곳이 있고,

여전히 어려운 관계가 있고, 여전히 이해되지 않는 상황들이 있을 것입니다. 그러나 완전하지 않아도 괜찮습니다. 다만 지금 한 가지만큼은 확실히 알고 있을 것입니다. 하나님은 언제나 먼저 다가오시는 분이라는 사실을 말입니다.

멀리서 기다리시는 분이 아니라, 거리를 좁혀 오시는 하나님! 그분이 우리에게 먼저 오셨기에, 이제 우리도 누군가에게 한 걸음 더 가까이 다가가려 합니다. 비난하는 마음 대신 회개하는 마음, 보복하는 마음 대신 용서하는 마음, 거리를 두는 대신 동행하는 마음으로….

새로운 이야기의 시작

제 이야기가 끝나가는 이 지점에서 더 중요한 이야기가 시작되어야 합니다. 바로 당신의 이야기입니다. 하나님은 당신의 이야기를 듣길 원하십니다. 아니, 이미 듣고 계십니다(시 34:17 참조).

그분은 당신이 그 고통을 회피하지 않고 직면하되, 혼자가 아니라 그분의 긍휼의 품 안에서 그렇게 하기를 원하십니다. 그래서 이 책의 마지막에 실천 워크북을 준비했습니다. 이것은 단순한 독후감이 아닙니다. 긍휼의 하나님을 만난 당신만의 간증을 기록하는 거룩한 작업입니다. 이 워크북은 단순한 연습이 아닙니다. 당신이 오랫동안 회피해왔거나, 혼자 짊어지고 있던 고통을 하나님 앞에 정직하게 가져가는 여정입니다.

워크북은 **나의 고통 직면하기 - 하나님의 시선으로 보기 - 내 안의 변화 - 감사와 다짐**의 4단계 여정으로 이루어져 있습니다. 이 네 단계를 기도하는 마음으로 천천히 작성해보십시오. 한 번에 완성하려 하지 말고 성령님의 인도하심을 따라 한 걸음씩 나아가십시오. 이 과정 자체가 치유와 회복의 여정이 될 것입니다. 당신의 고통도, 당신이 만난 긍휼의 하나님도 모두 기록할 가치가 있는 거룩한 이야기입니다.

앞서 이 〈학교〉 시리즈의 안내에서 밝혔듯이, 이 책은 모든 이야기의 서막으로서 '왜'를 밝힙니다. 실천 워크북을 통해 당신이 기록한 간증은 당신의 신앙 여정에서 바로 이 '왜'를 확증하는 개인적인 증거가 될 것입니다. 당신이 만난 긍휼의 하나님, 그분이 당신에게 먼저 다가오신 그 경험이 앞으로 모든 여정의 나침반이 됩니다. 또한 당신이 실천 워크북에 기록한 '내 안의 변화'와 '감사와 다짐'은 《광야훈련학교》로 가는 첫걸음이 될 것입니다.

다음 여정을 위한 초대

사랑하는 독자 여러분에게 권합니다. 오늘은 '긍휼'로 방향을 정하세요. 그리고 내일은 '광야'에서 걸음을 배우세요. 방향이 올바르면 걸음이 더뎌도 결국 목적지에 도착합니다. 실수와 실패가 있어도 괜찮습니다. 하나님의 변함없는 긍휼은 우리가 언제든 다시 시작할 수 있게 해주십니다.

광야라는 말이 두렵게 들리나요? 걱정하지 마세요. 광야는 하나님께서 우리를 버리시는 곳이 아니라 오히려 우리와 더욱 깊이 만나기를 원하시는 곳입니다. 우리의 믿음을 더욱 견고하게 하고 우리의 사랑을 더욱 순수하게 하고 우리의 성품이 더욱 예수님을 닮게 하시는 곳입니다.

무엇보다 광야에서 우리는 혼자가 아닙니다. 긍휼의 하나님께서 함께 걸어가십니다. 당신이 이 책에서 만난 그 긍휼의 하나님, 당신의 고통 속에 먼저 다가오셨던 그분이 광야에서도 변함없이 당신과 함께하실 것입니다. 그리고 당신이 소그룹에서 함께 나눈 믿음의 동역자들, 서로의 상처를 듣고 기도해준 그 형제자매들이 광야에서도 당신의 동행자가 될 것입니다.

마지막으로 고백합니다. 저처럼 삶을 '고통뿐'이라고 여기던 사람을 통해서도 하나님은 긍휼을 세상에 드러내겠다고 하셨습니다. 이것이 저의 사명입니다. 한 사람 한 사람을 향한 하나님의 마음을 전하고 그 마음만큼 가까이, 함께함으로 다가가는 것입니다.

만약 이 책이 당신의 발걸음을 조금이라도 돌려서 누군가에게 먼저 다가가게 했다면 그것만으로도 충분합니다. 만약 실천 워크북을 통해 당신이 자신의 고통과 치유를 기록하고 소그룹에서 그것을 나누었다면, 그것은 하나님께서 당신을 통해 이루시는 아름다운 역사의 시작입니다. 하나님은 작은 순종으로 큰일을 이루십니다.

당신도 이제 긍휼을 경험한 사람입니다. 당신의 상처가 누군가의 치유가 되고, 당신의 눈물이 누군가의 위로가 되고, 당신의 회복이 누군가의 소망이 될 것입니다.

하나님, 우리를 긍휼의 사람들로 빚어주소서.
상처의 기억이 누군가에게 회복의 통로가 되고,
눈물의 기도가 누군가의 감사 예배가 되게 하소서.
우리가 걸음하는 모든 곳에 당신의 마음이 먼저 도착하게 해주소서.
우리를 통해 이 세상에 당신의 긍휼이 흘러가,
상처받고 절망한 사람들이 당신의 사랑을 경험하게 하소서.
그리하여 우리가 어디를 가든, 무엇을 하든, 누구를 만나든,
당신의 긍휼을 전하는 아름다운 통로가 되게 하소서.

긍휼의 하나님을 만나는
실천 워크북

워크북의 4 단계 여정과 구성

1 단계

나의 고통 직면하기(과거와 현재의 상처)

당신이 경험한 고통, 상처, 아픔을 구체적으로 기록합니다. 회피하지 말고 정직하게 하나님 앞에 펼쳐놓으십시오.

2 단계

하나님의 시선으로 보기(왜곡에서 진실로)

그 고통의 한복판에서 하나님은 어떻게 당신을 만나주셨는지, 당신은 어떤 말씀으로, 어떤 경험으로, 어떤 사람을 통해서 하나님의 긍휼을 경험했는지 기록합니다.

3 단계

내 안의 변화(회개와 용서의 실제)

긍휼의 하나님을 만난 후 당신의 생각, 감정, 관계, 신앙은 어떻게 변화되었는지 기록합니다.

4 단계

감사와 다짐(작은 순종과 예배)

하나님께 드리는 감사와 앞으로 어떻게 살아갈 것인지에 대한 다짐을 기록합니다.

워크북 사용법

준비물 

교재(워크북), 성경, 필기구, 정직한 마음, 방해받지 않는 시간(30-45분 소요)

세 가지 약속

· 정직하게 쓰겠습니다
아무도 보지 않습니다. 포장하지 마세요.

· 천천히 쓰겠습니다
급하지 않습니다. 멈추고 싶을 때 멈추세요.

· 은혜로 마치겠습니다
자책으로 끝나지 않습니다. 소망으로 끝납니다.

함께 읽을 말씀

여호와는 마음이 상한 자를 가까이하시고 충심으로 통회하는 자를 구원하시는도다 시 34:18

무리를 보시고 불쌍히 여기시니 이는 그들이 목자 없는 양과 같이 고생하며 기진함이라 마 9:36

시작하기 전에

이 단계는 가장 어려울 수 있습니다. 피하고 싶었던 기억, 묻어두고 싶었던 감정을 꺼내야 하기 때문입니다.
하지만 기억하세요. 하나님은 당신이 가장 아픈 곳에서 당신과 만나기를 원하십니다.

＊각 질문의 답변 예시 중 해당하는 항목에 ☑ 체크하세요. 중복 체크도 가능합니다.

A. 과거의 상처: 나를 만든 사건들

우리 모두에게는 인생을 바꾼 사건들이 있습니다. 그 사건 이전과 이후가 달라진 순간들 말입니다. 당신에게는 무엇이 있나요?

질문 1 당신의 인생을 바꾼 사건이 있습니까?

☐ 가족의 죽음이나 이별

☐ 부모의 이혼이나 가정 폭력

☐ 학대나 폭력의 경험

☐ 중대한 실패나 좌절

☐ 배신이나 거절의 경험

☐ 질병이나 사고

☐ 기타: ______________________

그 사건을 간단히 적어보세요(언제, 무슨 일이 있었나).

____

____

____

질문 2 그 사건 이후 당신은 어떻게 변했나요?

☐ 사람들을 믿지 못하게 되었다

☐ 나 자신을 미워하게 되었다

☐ 하나님을 원망하게 되었다

☐ 늘 불안하고 두렵다

☐ 감정을 느끼지 못하게 되었다

☐ 기타: ______________________

더 구체적으로 적어보세요.

____

____

____

질문 3 그때부터 지금까지, 당신은 자신에게 어떤 이름표를 붙였나요?

과거의 상처는 우리에게 거짓 정체성을 부여합니다.

예시 "나는 버림받을 운명이다", "나는 사랑받을 자격이 없다", "나는 항상 실패한다", "나는 더럽고 부끄러운 존재다"

나는 나를 이렇게 불러왔다.

____

____

____

B. 현재의 고통: 지금 나를 짓누르는 것

과거의 상처는 현재의 고통으로 이어집니다. 때로는 직접적으로, 때로는 반복되는 패턴으로.

질문 4 **지금 당신을 가장 힘들게 하는 것은 무엇입니까?**

☐ 관계의 어려움(배우자, 부모, 자녀, 친구, 동료 등)

☐ 경제적 어려움

☐ 건강 문제

☐ 중독(술, 도박, 게임, 쇼핑, 음란물 등)

☐ 우울과 불안

☐ 외로움과 고립감

☐ 분노와 원망

☐ 영적 침체

☐ 기타: ____

구체적으로 무슨 일이 일어나고 있나요?

(언제, 어디서, 누구와, 어떤 일이 반복되고 있나요?)

____

____

____

질문 5 **이 고통은 과거의 상처와 연결되어 있나요?**

☐ 그렇다 - 어떻게: ______________________________

☐ 잘 모르겠다

☐ 아닌 것 같다

C. 감정의 온도: 지금 내 마음의 상태

우리는 종종 감정을 무시하거나 억압합니다. 하지만 하나님은 당신의 감정도 보기 원하십니다.

질문 6 지금 당신의 감정 온도는?

0(전혀 없음)부터 10(견딜 수 없음)까지 숫자로 적어보세요.

분노 ___/10 - 누구에게: _______________________________

슬픔 ___/10 - 무엇 때문에: _____________________________

두려움 ___/10 - 무엇이 두려운가: _________________________

수치심 ___/10 - 무엇이 부끄러운가: _______________________

죄책감 ___/10 - 무엇 때문에: ___________________________

외로움 ___/10 - 누가 그리운가: _________________________

무감각 ___/10 - 얼마나 오래: ___________________________

질문 7 몸은 어떻게 말하고 있나요?

감정은 몸으로 나타납니다.

☐ 두통, 편두통

☐ 불면증 또는 과다 수면

☐ 과식 또는 식욕 상실

☐ 소화불량, 위통

☐ 가슴 답답함, 호흡 곤란

☐ 만성 피로

☐ 기타: _______________________________________

얼마나 오래 이런 증상이 있었나요?

D. 대처 방식: 나는 어떻게 버텨왔는가?

우리는 고통을 다루는 방식을 배웁니다. 건강한 방식도 있고, 파괴적인 방식도 있습니다.

질문 8 힘들 때 당신은 무엇을 합니까?

해로운 대처 방식

☐ 술이나 약물에 의존한다

☐ 과도하게 일한다

☐ 쇼핑, 게임, SNS에 몰입한다

☐ 사람들을 완전히 차단한다

☐ 분노를 폭발시킨다

☐ 자해를 생각하거나 실행한다

☐ 음식으로 감정을 다스린다

☐ 모든 것을 통제하려 한다

☐ 기타: _______________

건강한 대처 방식

□ 신뢰하는 사람과 대화한다

□ 기도하고 말씀을 읽는다

□ 운동이나 산책을 한다

□ 일기를 쓴다

□ 전문가의 도움을 받는다

□ 예배에 참석한다

□ 기타: ____

질문 9 **가장 자주 사용하는 대처 방식 3가지는?**

____

____

____

이 방식들이 실제로 당신을 돕고 있나요, 아니면 더 깊은 구덩이로 밀어 넣고 있나요?

____

____

____

E. 자동 사고: 반복되는 생각들

고통 속에서 우리에게는 자동으로 떠오르는 생각들이 있습니다. 이것들은 대부분 거짓이지만, 우리는 그것을 진실로 믿습니다.

질문 10 힘들 때 자동으로 떠오르는 생각은?

자신에 대한 생각

☐ 나는 가치 없는 사람이다

☐ 나는 늘 실패한다

☐ 나는 사랑받을 자격이 없다

☐ 나는 너무 망가졌다

☐ 나는 변할 수 없다

☐ 기타: ______________________________

타인에 대한 생각

☐ 아무도 나를 이해하지 못한다

☐ 사람들은 다 떠난다

☐ 그들은 나를 이용한다

☐ 누구도 믿을 수 없다

☐ 기타: ______________________________

하나님에 대한 생각

☐ 하나님은 나를 버리셨다

☐ 하나님은 나를 벌주고 계신다

☐ 하나님은 나를 사랑하지 않으신다

☐ 하나님은 멀리 계신다

☐ 하나님은 계시지 않는다

☐ 기타: ________________________________

가장 자주 떠오르는 생각 3가지를 적어보세요.

____

____

____

F. 고립의 무게: 누가 알고 있나요?

고통을 혼자 짊어지는 것은 가장 무거운 짐입니다.

질문 11 당신의 고통을 진짜로 아는 사람이 있습니까?

☐ 있다 - 누구: ____________________________

☐ 있었지만 지금은 없다 (질문 11-1로 가세요)

☐ 한 번도 없었다 (질문 11-1로 가세요)

질문 11-1 왜 말하지 못했나요? 또는 말하지 않았나요? (11번에서 '있었지만 지금은 없다' 또는 '한 번도 없었다'를 선택한 경우)

☐ 창피해서

☐ 약한 사람으로 보일까 봐

☐ 이해받지 못할 것 같아서

☐ 더 상처받을까 봐

☐ 혼자 해결해야 한다고 생각해서

☐ 기타: ____

질문 12 (말했을 경우) 그 사람은 당신의 고통을 어떻게 받아주었나요?

☐ 진심으로 들어주고 위로해주었다

☐ 조언이나 해결책을 제시했다

☐ 대수롭지 않게 여기거나 무시했다

☐ 오히려 판단하거나 비난했다

☐ 기타: ____

G. 신앙의 자리: 하나님은 어디에 계신가?

고통 속에서 우리의 신앙이 드러납니다.

질문 13 지금 하나님은 어디에 계신 것 같습니까?

☐ 가까이 계신 것을 느낀다

☐ 멀리 계신 것 같다

☐ 침묵하시는 것 같다

☐ 나를 벌주시는 것 같다

☐ 나를 버리신 것 같다

☐ 함께 계시지만 느껴지지 않는다

☐ 잘 모르겠다

질문 14 **기도하고 있습니까?**

☐ 기도하고 있다

☐ 기도하고 싶지만 어떻게 해야 할지 모르겠다

☐ 기도가 응답되지 않는 것 같아서 멈췄다

☐ 하나님께 화가 나서 기도하지 않는다

☐ 기도해본 적이 없다

질문 15 **교회나 신앙 공동체와는 어떤 관계입니까?**

☐ 정기적으로 참석한다

☐ 가끔 간다

☐ 오랫동안 참석하지 않았다

☐ 상처받아서 떠났다

☐ 가본 적이 없다

☐ 기타: ________________________________

H. 소망의 자리: 당신은 무엇을 바라나요?

질문 16 당신은 무엇을 바라나요?

☐ 고통에서 벗어나고 싶다

☐ 관계를 회복하고 싶다

☐ 하나님을 다시 만나고 싶다

☐ 용서하고 싶다(나 자신을 / 타인을)

☐ 변화하고 싶다

☐ 소망을 찾고 싶다

☐ 기타: ________________________________

한 문장으로 적어보세요.

____

◎ 1단계 고백 - 나의 정직한 고백

이제 여기까지 쓴 내용을 돌아보며, 하나님 앞에 정직하게 고백해보세요.

예시 "하나님, 저는 지금 너무 아픕니다. 아버지의 죽음 이후로 저는 제 자신을 '버림받은 사람'이라고 불러왔습니다. 술로 고통을 잊으려 했고 사람들을 멀리했습니다. 하지만 저는 이제 도망치지 않고 이 고통을 하나님 앞에 가져가겠습니다."

나의 고백을 적어보세요.

____

____

____

____

잠시 멈춤

여기까지 오신 것은 엄청난 용기입니다.

자신의 고통을 직면하는 것은 세상에서 가장 어려운 일 중 하나입니다.

하지만 당신은 지금 가장 중요한 첫걸음을 뗐습니다.

눈물이 나도 괜찮습니다.

화가 나도 괜찮습니다.

혼란스러워도 괜찮습니다.

시편 기자가 말했습니다.

"여호와는 마음이 상한 자를 가까이하시고 충심으로 통회하는 자를 구원하시는도다"(시편 34:18).

하나님은 지금 당신과 가장 가까이 계십니다.

쉬어가도 좋습니다.

오늘은 여기까지만 하고, 내일 2단계를 시작해도 됩니다.

함께 읽을 말씀

여호와께서 그의 앞으로 지나시며 선포하시되 여호와라 여호와라 자비롭고 은혜롭고 노하기를 더디하고 인자와 진실이 많은 하나님이라 출 34:6

악인은 그의 길을, 불의한 자는 그의 생각을 버리고 여호와께로 돌아오라 그리하면 그가 긍휼히 여기시리라 우리 하나님께로 돌아오라 그가 너그럽게 용서하시리라 사 55:7

시작하기 전에

1단계에서 당신은 용기를 냈습니다.

자신의 고통을 정직하게 들여다보았습니다.

이제 2단계에서는 더 중요한 질문을 다룹니다.

"하나님은 나를 어떻게 보시는가?"

우리가 우리 자신을 보는 방식과 하나님이 우리를 보시는 방식은 완전히 다릅니다. 1단계에서 당신이 자신에게 붙인 부정적인 이름표들('실패자', '버림받은 자', '쓸모없는 사람' 등)은 모두 거짓입니다.

이제 진실을 들을 시간입니다.

A. 내가 나를 보는 방식(왜곡된 거울)

질문 1 1단계에서 당신이 자신에게 붙인 이름을 다시 한번 적어보세요.

____

질문 2 이 이름표는 언제부터 붙어 있었나요?

☐ 어릴 때부터 (누가 이렇게 불렀나요: ____________________)

☐ 특정 사건 이후부터 (어떤 사건: ____________________)

☐ 반복된 실패 경험 후

☐ 잘 모르겠다, 항상 있었던 것 같다

질문 3 이 이름표는 누구의 목소리인가요?

우리 내면의 비난하는 목소리는 대개 다른 누군가의 목소리를 내재화한 것입니다.

☐ 부모님의 목소리

☐ 교사나 권위자의 목소리

☐ 나를 상처 준 사람의 목소리

☐ 사회나 문화의 목소리

☐ 나 자신의 목소리

☐ 잘 모르겠다

 이 이름표가 당신의 삶에 어떤 영향을 미쳤나요?

관계에서

일이나 학업에서

자기 자신에 대한 태도에서

하나님과의 관계에서

B. 하나님이 나를 보시는 방식(진실의 거울)

이제 가장 중요한 순간입니다. 하나님의 말씀을 통해 하나님이 당신을 어떻게 보시는지 들어보십시오.

 성경에서 하나님이 당신에게 말씀하시는 이름을 찾아보세요.

아래 말씀들을 천천히 읽고, 당신의 마음에 와닿는 것에 표시하세요.

☐ "내가 너를 손바닥에 새겼고"(사 49:16) - 하나님은 나를 잊지 않으신다

☐ "내가 너를 지명하여 불렀나니 너는 내 것이라"(사 43:1) - 나는 하나님의 소유다

☐ "여호와께서 너를 실족하지 아니하게 하시며 너를 지키시는 이가 졸지 아니하시리로다"(시 121:3) - 하나님은 나를 지키신다

☐ "하나님이 세상을 이처럼 사랑하사 독생자를 주셨으니"(요 3:16) - 나는 하나님이 독생자를 주실 만큼 사랑받는 존재다

☐ "보라 아버지께서 어떠한 사랑을 우리에게 베푸사 하나님의 자녀라 일컬음을 받게 하셨는가"(요일 3:1) - 나는 하나님의 자녀다

☐ "그리스도 예수 안에 있는 자에게는 결코 정죄함이 없나니"(롬 8:1) - 나는 정죄받지 않는다

☐ "네가 내 눈에 보배롭고 존귀하며 내가 너를 사랑하였은즉"(사 43:4) - 나는 보배롭고 존귀한 존재다

☐ "그가 우리를 흑암의 권세에서 건져내사 그의 사랑의 아들의 나라로 옮기셨으니"(골 1:13) - 나는 구원받은 자다

질문 6 위의 말씀 중 하나를 선택해서 여기에 다시 써보세요.

____

____

그 말씀을 소리 내어 '천천히' 3번 읽어보세요.

 하나님이 당신을 부르시는 이름을 한 문장으로 적어보세요.

 "하나님은 나를 '보배롭고 사랑받는 자녀'라고 부르신다"

하나님은 나를 이렇게 부르신다.

____

____

C. 두 거울의 대조

 두 이름을 나란히 놓고 비교해보세요.

내가 나를 부르는 이름	하나님이 나를 부르시는 이름

 어떤 차이가 느껴지나요?

____

____

질문 10 지금까지 어느 쪽 이름으로 살아왔나요?

☐ 대부분 내가 붙인 이름으로

☐ 둘 사이를 오갔다

☐ 하나님의 이름을 알지만 믿기 어렵다

☐ 하나님의 이름을 처음 듣는다

☐ 하나님이 나를 부르시는 이름으로

D. 타인을 보는 시선 바꾸기

우리는 우리 자신을 잘못 보듯이 타인도 잘못 봅니다. 특히 나에게 상처를 준 사람들을.

질문 11 1단계에서 떠올린 그 사람(들)을 다시 생각해보세요.

당신에게 상처를 준 사람, 또는 당신이 상처를 준 사람의 이름이나 관계를 적으세요.

____

질문 12 당신은 그 사람을 어떻게 보고 있나요?

☐ 악한 사람

☐ 이기적인 사람

☐ 나를 미워하는 사람

☐ 변하지 않을 사람

☐ 용서할 수 없는 사람

☐ 이해할 수 없는 사람

☐ 기타: ____

한 문장으로 적어보세요.

____

____

질문 13 잠시 멈추고 생각해보세요.

'그 사람도…'

☐ 상처받은 과거가 있을 것이다

☐ 두려움과 불안이 있을 것이다

☐ 사랑받고 싶어 할 것이다

☐ 용서와 치유가 필요할 것이다

☐ 하나님의 긍휼이 필요한 연약한 사람일 것이다

☐ 기타: ____

질문 14 긍휼의 시선으로 다시 보면, 그 사람은 어떤 사람인가요?

예시 "그도 어린 시절에 학대를 받아 사랑하는 법을 배우지 못한, 치유가 필요한 연약한 사람이다"

그/그녀도 이런 사람이다.

____

____

E. 말씀 붙들기

질문 15 오늘 하나님이 당신에게 주시는 말씀을 하나 선택하세요.

성경을 펼쳐서 읽거나 이 책에서 기억나는 말씀, 또는 위에 적힌 말씀 중 하나를 선택하세요.

말씀: ____________________ ______장 ______절

여기에 그 말씀을 직접 써보세요.

____

____

____

질문 16 이 말씀이 지금 당신에게 어떻게 들리나요?

☐ 위로가 된다

☐ 소망을 준다

☐ 믿기 어렵다

☐ 혼란스럽다

☐ 화가 난다 (지금 화가 나는 이유는?)

☐ 감사하다

☐ 기타: ______________________

질문 17 이 말씀 때문에 당신이 바꾸고 싶은 한 가지는?

____

____

____

◎ 2단계 고백 – 긍휼의 시선으로

예시 "하나님, 저는 지금까지 저를 '실패자'라고 불러왔습니다. 하지만 하나님은 저를 '보배롭고 존귀한 자녀'라고 부르신다는 것을 알았습니다. 저는 이제 하나님의 시선으로 저 자신과 저에게 상처 준 사람들을 보기 원합니다."

나의 고백

____

____

____

____

내 안의 변화 (회개와 용서의 실제)

함께 읽을 말씀

만일 우리가 우리 죄를 자백하면 그는 미쁘시고 의로우사 우리 죄를 사하시며 우리를 모든 불의에서 깨끗하게 하실 것이요 요일 1:9

서로 친절하게 하며 불쌍히 여기며 서로 용서하기를 하나님이 그리스도 안에서 너희를 용서하심과 같이 하라 엡 4:32

시작하기 전에

3단계는 가장 실제적인 단계입니다.

회개와 용서. 이 두 단어는 너무 많이 들어서 익숙하지만,

정작 제대로 이해하고 실천하는 경우는 드뭅니다.

회개는 자책이 아닙니다.

잘못된 방향에서 돌아서서 하나님께로 향하는 것입니다.

용서는 계속 맞으라는 것이 아닙니다.

원한의 무게를 내려놓고 하나님께 맡기는 것입니다.

이 단계는 어려울 수 있습니다. 천천히 가세요.

A. 잘못된 회개 진단하기

우리는 종종 회개라는 이름으로 자신을 학대합니다.

질문 1 당신에게 해당하는 회개 방식을 모두 체크해보세요.

율법적 회개(잘못된 회개)

☐ 실수하면 스스로에게 벌을 준다 (절식, 고립, 자해적 언어)

☐ "나는 왜 이 모양인가" 하며 자신을 정죄한다

☐ 다른 사람을 비난해서 내가 나아 보이려 한다

☐ "다시는 안 해!"라고 다짐만 하고 계속 반복한다

☐ 하나님께 용서받았다고 말하지만 스스로를 용서하지 못한다

☐ 얼마나 회개해야 충분한지 몰라서 불안하다

☐ 하나님이 나에게 여전히 화나 계실 것 같다

몇 개에 체크했나요? __________개

복음적 회개(진정한 회개)

☐ 잘못을 인정하되 자신을 정죄하지 않는다

☐ 하나님의 용서를 믿고 받아들인다

☐ 잘못된 길에서 돌이켜 새로운 길을 간다

☐ 하나님의 도우심을 구한다

☐ 필요하면 타인에게도 사과한다

☐ 다시 실수해도 주님께 다시 돌아올 수 있음을 안다

몇 개에 체크했나요? __________ 개

 당신의 회개는 어느 쪽에 더 가깝나요?

☐ 율법적 회개

☐ 복음적 회개

B. 진짜 회개: 방향 전환

 1단계(본 워크북 p.261)에서 당신이 체크한 해로운 대처 방식을 다시 보세요.

해로운 대처 방식 중 당신이 버려야 할 것은 무엇인가요?

____

____

____

 그 대처 방식은 실제로 당신에게 어떤 영향을 주었나요?

☐ 잠시 고통을 잊게 해주었다

☐ 통제감을 느끼게 해주었다

☐ 벌 받는 느낌을 덜어주었다

☐ 아무 도움이 되지 않았다, 더 나빠졌다

☐ 기타: ________________________________

 그것을 버리는 것이 두렵나요?

☐ 매우 두렵다 - 왜: _______________________________

☐ 조금 두렵다

☐ 두렵지 않다, 버리고 싶다

질문 6 **당신이 돌아갈 아버지의 품은 어떤 곳인가요?**

누가복음 15장의 탕자를 생각해보세요. 아버지는 멀리서 아들을 보고 달려와 껴안았습니다.

하나님의 품은

☐ 나를 심판하는 곳이 아니라 환영하는 곳

☐ 나를 정죄하는 곳이 아니라 회복시키는 곳

☐ 나를 거부하는 곳이 아니라 받아주시는 곳

한 문장으로 적어보세요.

____

질문 7 **하나님이 주신 약속을 붙들어 보세요.**

☐ "그리스도 예수 안에 있는 자에게는 결코 정죄함이 없나니"(롬 8:1)

☐ "만일 우리가 우리 죄를 자백하면 그는 미쁘시고 의로우사 우리 죄를 사하시며"(요일 1:9)

☐ "동이 서에서 먼 것같이 우리의 죄과를 우리에게서 멀리 옮기셨으며"(시 103:12)

☐ "나 곧 나는 나를 위하여 네 허물을 도말하는 자니 네 죄를 기억하지 아
니하리라"(사 43:25)

선택한 말씀을 여기에 써보세요.

____

____

C. 용서의 실제: 무게 내려놓기

용서는 한 번의 결정이 아니라 과정입니다. 때로는 수십 번, 수백 번 반복해
야 합니다.

질문 8 먼저 당신이 용서해야 할 사람은 누구인가요?

☐ 나에게 상처를 준 사람: ______________________

☐ 나 자신

☐ 하나님 (화가 났었다면)

☐ 기타: ______________________

질문 9 용서하기 어려운 이유는 무엇인가요?

☐ 너무 아파서

☐ 여전히 화가 나서

☐ 그 사람이 사과하지 않아서

☐ 그 사람이 변하지 않아서

☐ 용서하면 그 사람이 이기는 것 같아서

☐ 용서가 무엇인지 잘 모르겠어서

질문 10 ▶ **용서에 대한 오해를 점검해보세요.**

용서는 이것이 아닙니다.

(✗) 그 일이 괜찮았다고 말하는 것

(✗) 다시 그 사람과 친하게 지내야 하는 것

(✗) 감정이 완전히 사라져야 하는 것

(✗) 그 사람을 신뢰해야 하는 것

(✗) 법적 책임을 면제해주는 것

용서는 이것입니다.

(✓) 복수할 권리를 내려놓는 것

(✓) 원한의 무게를 하나님께 맡기는 것

(✓) 그 사람도 하나님의 긍휼이 필요함을 인정하는 것

(✓) 과거가 나를 계속 지배하지 못하게 하는 것

🚨 안전 경고

학대, 폭력, 성폭력의 피해자라면 용서가 당장 가능하지 않을 수 있습니다.

괜찮습니다. 용서와 안전은 별개입니다. 먼저 안전을 확보하세요.

전문가의 도움을 받으세요.

정신건강 위기 상담 ☎1577-0199 ㅣ 성폭력 상담 ☎1366 ㅣ 학대·폭력 신고 ☎112

용서는 그 사람과 다시 연락하거나 관계를 회복하라는 뜻이 아닙니다.

 용서의 첫걸음을 떼어보세요.

내가 내려놓을 권리(중복 선택 가능)

☐ 보복할 권리

☐ 계속 원망할 권리

☐ 악평할 권리

☐ 냉대할 권리

☐ "네가 얼마나 나를 아프게 했는지" 계속 말할 권리

한 문장으로 적어보세요.

대신 선택할 태도(중복 선택 가능)

☐ 그 사람을 위해 기도하기(축복은 아니어도, 하나님께 맡기는 기도)

☐ 건강한 경계선 세우기

☐ 필요하다면 대화 시도하기

☐ 그 사람에 대한 생각이 떠오를 때 의식적으로 돌리기

☐ 전문가의 도움 받기

한 문장으로 적어보세요.

 나 자신을 용서하는 것은?

많은 사람이 타인을 용서하는 것보다 자신을 용서하기를 더 어려워합니다.

내가 나에게 하는 비난

하나님의 말씀으로 대답하기

"그리스도 예수 안에 있는 자에게는 결코 정죄함이 없나니"(롬 8:1)

하나님이 용서하신 것을 내가 용서하지 않는 것은 하나님보다 내 기준이 더 높다고 말하는 것입니다.

나 자신에게 하는 선언

예시 "나는 내가 한 일을 후회하지만, 하나님께서 나를 용서하셨음을 믿는다. 나도 나를 용서한다."

D. 회개와 용서의 기도

질문 13 이제 하나님께 기도로 고백해보세요.

종이에 쓰거나, 소리 내어 기도하거나, 마음으로 기도하세요.

예시 회개 기도

"하나님, 저는 _________________때문에 고통받았습니다. 그 고통 속에서 저는 _________________하며 살아왔습니다. (술, 분노, 회피 등) 이것이 죄임을 고백합니다. 이제 이 길에서 돌아서서 하나님께로 향합니다. 저를 받아주소서."

예시 용서 기도

"하나님, _________________이/가 저에게 한 일을 용서하기가 너무 어렵습니다. 하지만 저도 용서받았기에, 저도 용서하기를 원합니다. 제 안의 원한과 분노를 하나님께 맡깁니다. 그/그녀도 하나님의 긍휼이 필요한 사람임을 인정합니다. 저를 도와주소서."

나의 기도

____

____

____

____

____

◎ 3단계 고백 – 돌아서는 결단

예시 "나는 오늘, 자책과 보복의 권리를 내려놓고 하나님의 은혜로 돌아섭니다. 나를 용서하고 나에게 상처 준 사람을 용서하기로 결단합니다."

나의 고백

____

____

____

____

____

감사와 다짐 (작은 순종과 예배)

함께 읽을 말씀

그러므로 형제들아 내가 하나님의 모든 자비하심으로 너희를 권하노니 너희 몸을 하나님이 기뻐하시는 거룩한 산 제물로 드리라 이는 너희가 드릴 영적 예배니라 **롬** 12:1

오직 선을 행함과 서로 나누어 주기를 잊지 말라 하나님은 이같은 제사를 기뻐하시느니라 **히** 13:16

시작하기 전에

마지막 단계입니다.

이제 당신은 당신의 고통을 직면했고(1단계),

하나님의 시선을 배웠고(2단계),

회개와 용서의 길로 돌아섰습니다(3단계).

4단계는 "이제 어떻게 살 것인가?"에 대한 답입니다.

큰 변화는 작은 순종에서 시작됩니다.

오늘 하나, 내일 하나, 모레 하나. 그렇게 168시간 전체가 예배가 됩니다.

A. 48시간 작은 순종 프로젝트

질문 1 **48시간 안에 당신이 할 수 있는 작은 순종 하나는 무엇인가요?**

너무 크지 않게, 구체적으로, 측정 가능하게 정하세요.

선택지:

☐ 전화하기 (누구에게: _______________________)

☐ 문자나 편지 보내기

☐ 직접 만나서 대화하기

☐ 사과하기

☐ 감사 표현하기

☐ 용서를 구하기

☐ 도움 요청하기

☐ 중독된 것 하나 끊어보기 (24시간만)

☐ 기도 시간 정하기

☐ 교회 가보기

☐ 상담 예약하기

☐ 기타: _______________________

나의 작은 순종

____

____

 구체적으로 언제, 어디서, 어떻게 할 건가요?

언제: ___________ 년 ______ 월 ______ 일 ______ 시

어디서: ____

어떻게: (전화로? 만나서? 문자로?) ____________________

예시 "내일(10월 15일) 저녁 8시에 집에서 엄마에게 전화를 드려 지난주에 상처 드린 말을 사과하겠습니다."

질문 3 방해 요인과 대비책은?

방해 요인

☐ 용기가 안 남

☐ 시간이 없음

☐ 거절당할까 두려움

☐ 어떻게 말해야 할지 모름

☐ 기타: ____

대비책

☐ 미리 말할 내용 메모해두기

☐ 알람 설정하기

☐ 누군가에게 말하고 응원받기

☐ 기도부터 하기

☐ 기타: ____

구체적인 대비책

____

____

B. 매일 5분 예배 훈련

작은 순종과 함께, 매일 5분씩 이렇게 해보세요.

1분 호흡기도

눈을 감고 깊게 호흡하며 반복하세요.

"자비로우신 아버지, 나를 불쌍히 여기소서."

(숨을 들이마실 때 "자비로우신 아버지", 숨을 내쉴 때 "나를 불쌍히 여기소서")

2분 말씀 묵상

오늘의 말씀을 소리 내어 천천히 3번 읽으세요.

"너희 아버지의 자비로우심같이 너희도 자비로운 자가 되라"(눅 6:36).

2분 감사 2가지

오늘 본 하나님의 은혜 2가지를 적으세요. 아주 작은 것도 괜찮습니다.

질문 4 이 5분 훈련을 언제 할 건가요?

☐ 아침에 일어나서

☐ 출근/등교 전

☐ 점심시간

☐ 잠들기 전

☐ 기타: ____

구체적인 시간: 매일 ________시 ________분

C. 168시간 예배의 시작

질문 5 일주일은 168시간입니다. 지금까지 당신의 168시간은 어땠나요?

☐ 대부분 고통과 회피로 보냈다

☐ 일과 의무로만 채워졌다

☐ 의미 없이 흘러갔다

☐ 하나님과 무관하게 살았다

☐ 기타: ____

질문 6 예배는 주일 한 시간만이 아닙니다. 예배는 당신의 모든 시간을 하나님께 드리는 것입니다. 이번 주, 일상의 어떤 순간들을 하나님께 예배로 드릴 수 있을까요? 구체적으로 적어보세요.

월요일: 아침 출근길 – 출근하며 만나는 사람들에게 친절하게 인사하기

화요일: 점심 – 힘들어하는 동료의 이야기를 진심으로 들어주기

수요일: 저녁 설거지하며 – 가족을 섬기는 마음으로 감사하며 설거지하기

목요일: 회의 시간 – 정직하고 성실하게 일하기

금요일: 친구와의 시간 – 친구를 격려하고 위로하기

토요일: 가족과 함께 – 가족과 함께 시간을 보내며 사랑 나누기

이제 당신의 일주일을 적어보세요.

월요일: ____

화요일: ____

수요일: ____

목요일: ____

금요일: ____

토요일: ____

질문 7 위에서 적은 것 중 이번 주에 꼭 실천할 한 가지를 선택하고, 구체적인 계획을 세워보세요.

예시 "목요일 회의 시간에 동료들을 비난하는 대신 경청하고 격려하는 말을 하겠습니다. 평소에는 내 의견만 관철시키려 했지만, 이번에는 동료들의 의견을 존중하고 그들의 수고를 인정하는 말을 하겠습니다. 이것이 하나님께서 기뻐하시는 직장에서의 나의 예배입니다."

구체적으로 어떻게 실천할 건가요? 이것이 왜 하나님께 드리는 예배가 되나요?

D. 공동체와 함께

질문 8 이 여정을 혼자 가고 있나요?

☐ 혼자 가고 있다

☐ 한두 명과 함께 가고 있다

☐ 소그룹과 함께 가고 있다

☐ 교회 공동체와 함께 가고 있다

질문 9 당신의 작은 순종을 누구에게 말할 건가요?

혼자 하는 것보다 누군가와 함께하면 더 힘이 납니다.

나는 ________________에게 이야기하고 응원받을 것이다.

 만약 아직 신앙 공동체가 없다면?

☐ 교회를 찾아볼 것이다

☐ 소그룹을 찾아볼 것이다

☐ 신뢰하는 크리스천 친구에게 연락할 것이다

☐ 아직은 혼자 시작하겠다(괜찮습니다)

E. 실패했을 때

질문 11 **만약 작은 순종을 실천하지 못하면 어떻게 하나요?**

☐ 자책한다

☐ 포기한다

☐ 다시 시작한다

☐ 도움을 요청한다

기억하세요

실패는 끝이 아닙니다. 실패는 다시 시작할 기회입니다.

탕자가 돌아왔을 때, 아버지는 "왜 이제야 왔느냐"라고 묻지 않았습니다.

그저 달려와 껴안으셨습니다.

하나님도 그렇습니다.

실패했을 때 내가 할 말

(예시) "하나님, 실패했습니다. 하지만 다시 일어나 주님께로 향합니다. 저를 다시

받아주소서."

____

____

____

◎ 4단계 고백 – 예배로 응답하기

(예시) "나는 오늘, 작은 순종 하나를 통해 하나님께 예배로 응답합니다. 내 168시

간 전체가 하나님께 드려지는 예배가 되기를 원합니다."

나의 고백

____

____

____

____

축하합니다!

당신은 이제 4단계를 모두 완료했습니다.

이제 당신의 이야기를 완성할 차례입니다.

최종 간증문: 내가 만난 긍휼의 하나님

앞에서 쓴 내용을 모아서 800-1200자 정도의 간증문으로 정리해보세요.
이것은 당신만의 '긍휼의 이야기'입니다.

간증문 쓰기 가이드

1부 전(前)

- 나의 고통(3-4문장, 200-300자)

  1단계에서 당신이 쓴 내용을 참고하세요.

• 어떤 사건이 있었나요?

• 그 사건이 당신을 어떻게 바꿨나요?

• 당신은 자신을 어떻게 불렀나요?

여기에 써보세요.

____

____

____

____

2부 전환

- 말씀 속에서 본 하나님(2-3문장, 150-250자)

  2단계에서 붙든 말씀과 하나님의 시선을 적으세요.

- 어떤 말씀이 당신을 사로잡았나요?

- 하나님은 당신을 어떻게 부르시나요?

- 그것을 알았을 때 무엇이 바뀌었나요?

여기에 써보세요.

____

____

____

____

____

3부 후(後)

- 회개, 용서, 순종(3-4문장, 200-300자)

3단계와 4단계에서 결심한 내용을 적으세요.

- 무엇을 버리고, 누구를 용서하기로 했나요?

- 어떤 작은 순종을 하기로 했나요?

여기에 써보세요.

____

____

____

____

____

4부 고백

- 오늘의 선언과 감사(2-3문장, 150-250자)

각 단계에서 쓴 고백들을 모아 마무리하세요.

- 오늘 당신이 하나님께 드리는 고백은?
- 어떻게 살아가기로 결단했나요?
- 무엇에 감사하나요?

여기에 써보세요.

간증문(참고용)

(예시) "나는 오래도록 스스로를 '버림받은 자'라고 불러왔습니다. 아버지의 갑작스러운 죽음 이후, 나는 사람들을 믿지 못했고 술로 고통을 잊으려 했습니다. 그 무게가 너무 무거워 숨쉬기조차 힘들었습니다.

그런데 이사야서 43장 1절 말씀이 나를 사로잡았습니다. "내가 너를 지명하여 불렀나니 너는 내 것이라." 하나님은 나를 버리지 않으셨습니다. 나는 여전히 하나님의 것이었습니다. 그분은 나를 '사랑받는 자녀'라고 부르고 계셨습니다.

나는 자책과 술의 무게를 내려놓기로 했습니다. 나를 떠난 사람들을 용서하고, 나 자신도 용서하기로 했습니다. 그리고 작은 순종을 시작했습니다. 매일 아침 5분씩 하나님의 긍휼을 묵상하고, 오랫동안 연락하지 못했던 어머니께 전화를 드렸습니다. 나는 오늘, 하나님의 긍휼로 돌아서서 작은 순종으로 예배하겠습니다. 내 168시간 전체가 하나님께 드려지는 예배가 되기를 원합니다. 나를 긍휼히 여기시는 하나님께 감사드립니다."

◎ 최종 간증문 - 나의 이야기

이제 위의 4부를 모아서 하나의 완성된 간증문으로 다시 써보세요.

모두 완료하셨나요? 체크해보세요.

☐ 1단계: 나의 고통을 정직하게 직면했다

☐ 2단계: 하나님의 시선을 배웠다

☐ 3단계: 회개와 용서의 길로 돌아섰다

☐ 4단계: 작은 순종을 정했다

☐ 각 단계의 고백을 적었다

☐ 48시간 내 작은 순종이 구체적이다

☐ 매일 5분 예배 시간을 정했다

☐ 최종 간증문(800-1200자)을 완성했다

☐ 누군가에게 이야기하고 응원받기로 했다

✔ 특별 체크

☐ 위험한 상황(폭력, 학대, 자해, 중독)이라면 전문가 도움을 받을 계획이 있다

🚨 중요한 안전 안내

이 워크북은 일반적인 영적 성장을 위한 도구입니다.

다음의 경우에는 반드시 전문가의 도움을 받으세요.

- 자해나 자살 충동이 있는 경우

- 가정 폭력이나 학대 상황에 있는 경우

- 중독(알코올, 약물, 도박, 성 등) 문제가 심각한 경우

- 심각한 우울증이나 불안 증세가 있는 경우

- 트라우마나 PTSD(외상 후 스트레스 장애) 증상이 있는 경우

사랑하는 독자님,

여기까지 오신 것을 진심으로 축하합니다.

당신은 자신의 고통을 직면하는 용기를 냈고, 하나님의 시선을 배웠고,

회개와 용서의 길로 돌아섰고, 작은 순종을 결단했습니다.

소그룹에서 나눈 이야기는

당신과 형제자매들의 마음에 깊이 새겨졌을 것입니다.

당신이 기록한 실천 워크북은 당신만의 소중한 간증이 되었을 것입니다.

이것은 끝이 아니라 시작입니다.

완벽하지 않아도 괜찮습니다.

내일 실패해도, 모레 다시 넘어져도, 그때마다 다시 일어나면 됩니다.

더디게 가도 괜찮습니다.

남들과 비교하지 마세요. 당신은 당신만의 속도로 가면 됩니다.

혼자가 아닙니다. 긍휼의 하나님께서 당신과 함께 걸어가십니다.
당신의 상처가 누군가의 치유가 될 것입니다.
당신의 눈물이 누군가의 위로가 될 것입니다.
당신의 회복이 누군가의 소망이 될 것입니다.

너희 아버지의 자비로우심같이 너희도 자비로운 자가 되라 눅 6:36

이제 더 깊은 훈련의 여정, 《광야훈련학교》에서 만나 뵙겠습니다.
그곳에서도 긍휼의 하나님께서 우리와 함께하실 것입니다.
당신의 여정에 하나님의 풍성한 은혜가 함께하시기를 축복합니다.

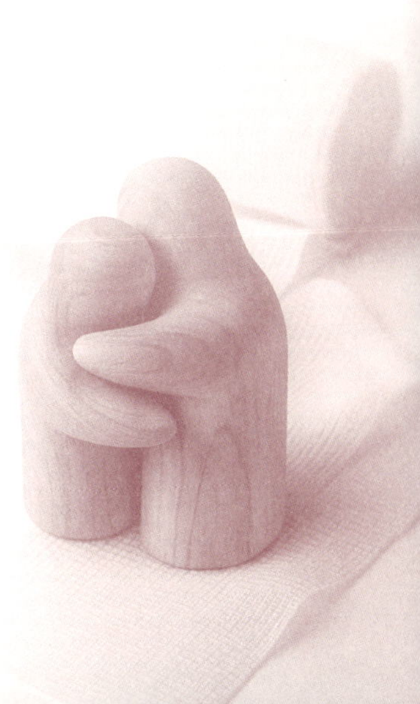

긍휼마음학교

초판 1쇄 발행	2025년 12월 29일
초판 2쇄 발행	2025년 12월 31일

지은이	지현호

펴낸이	여진구		
책임편집	최현수 구주은		
편집	이영주 진효지 안수경 김도연 김아진 배예담		
책임디자인	노지현 | 마영애 조은혜 정은혜		
마케팅	김상순 강성민	마케팅지원	최영배 정나영
제작	조영석 허병용	경영지원	김혜경 김경희 김영하

303비전성경암송학교 유니게 과정
이슬비전도학교 / 303비전성경암송학교 / 303비전꿈나무장학회

펴낸곳	규장

주소 06770 서울시 서초구 매헌로 16길 20(양재2동) 규장선교센터
전화 02)578-0003   팩스 02)578-7332
이메일 kyujang0691@gmail.com   홈페이지 www.kyujang.com
페이스북 facebook.com/kyujangbook   인스타그램 instagram.com/kyujang_com
카카오스토리 story.kakao.com/kyujangbook
등록번호 1922-2461
since 1978.08.14

ⓒ 저자와의 협약 아래 인지는 생략되었습니다.
이 출판물은 저작권법에 의해 보호를 받는 저작물이므로 무단 전재와 무단 복제를 할 수 없습니다.

책값 뒤표지에 있습니다.
ISBN 979-11-6504-677-4 03230

규 | 장 | 수 | 칙

1. 기도로 기획하고 기도로 제작한다.
2. 오직 그리스도의 성품을 사모하는 독자가 원하고 필요로 하는 책만을 출판한다.
3. 한 활자 한 문장에 온 정성을 쏟는다.
4. 성실과 정확을 생명으로 삼고 일한다.
5. 긍정적이며 적극적인 신앙과 신행일치에의 안내자의 사명을 다한다.
6. 충고와 조언을 항상 감사로 경청한다.
7. 지상목표는 문서선교에 있다.

하나님을 사랑하는 자 곧 그의 뜻대로 부르심을 입은 자들에게는 모든 것이 合力하여 善을 이루느니라(롬 8:28)